NHK BOOKS
1235

天智朝と東アジア
唐の支配から律令国家へ

nakamura shuya
中村修也

NHK出版

はじめに

「歴史は繰り返す」という有名な言葉がある。

ことに戦争という人類史上もっとも愚かな行為が何度も繰り返されてきていることは、悲しい事実である。

なぜ、人類は戦争という行為を繰り返してしまうのか。

領土拡張、経済的発展、民族の誇りなど、いろいろな理由をあげることはできる。しかし、同《どう》朋《ぼう》の死、国同士の敵対関係の永続性、地球環境の破壊など、デメリットの方が多いことも自明である。権力者が一時的な勝利の美酒に酔いしれるために戦争が行われるというならば、人類は愚かな生き物としか断じることができない。

しかし、権力者の個人的な要因による戦争の発生以外にも、なんらかの大きな原因が、それぞれの戦争には存在するのかもしれない。また、各戦争に共通性があり、独自の原因が存在するのかもしれない。もちろん昔話として過去の戦争を眺めた時、たいていの場合は愚かな権力者が感情を制御できずに、戦争をしかけていることが多い。だが、戦争は権力者一人ではできない。権力者の決断を支持する国民が存在したことも事実である。そして国民が戦争を支持する社会的状況というものが歴史には存在するはずである。そうした個々の要因を明確にして、共通の要素との関連を明らかにしていけば、ひょっとすると我々は戦争を回避する方法も見つけられるのかもしれない。歴史学は、そのために存在しているともいえよう。

だが、明らかにするだけではだめであり、それを広く知ってもらう必要もある。人類全体が過去の戦争の原因を知り、その後の状況を知ることで、はじめて戦争が愚かな行為であることを認識できるのである。

実は歴史の共通性と独自性は、歴史研究そのものにも運用できる。遠い過去の戦争の実態を知る際には、史料が足りないことが多い。そうした際に、近い過去の戦争の概要を遠い過去の戦争研究に敷衍《ふえん》化させて描くことで、史料不足を補うという方法である。この方法が、すべての過去の事象に利用できるかというと、おそらくそうではあるまい。

しかし、戦争という、非常に単純な行為、相手を倒すことで勝利を得、相手に負けることで敗北するというストーリーにおいては有効性をもつものと考える。

日本が対外戦争を起こして、大敗北を喫したことが過去に二度ある。

最近の経験としては第二次世界大戦における敗戦であり、遠い過去のものとしては白村江《はくそんこう》の戦がある。この二つの大戦の間にも、蒙古《もうこ》襲来と豊臣秀吉による朝鮮出兵を忘れることはできない。

しかし、蒙古襲来は未曽有《みぞう》の国難であったにもかかわらず、天候という自然現象に救われて、北九州沿岸部での戦闘という局所的な被害で収めることができた。また、朝鮮出兵は秀吉の死という不慮の事態で撤兵が行われ、さらに朝鮮軍・明《みん》軍の追撃もなく、その後の外交で終息した。現地の人々や出征した兵士たちにとっては大きな出来事であったが、国家としての影響は最小限ですますことができた。そう言い切ることに幾許《いくばく》かのためらいはあるが、客観的にはそう評価できよう。

ところが第二次世界大戦での敗戦は、現代日本に生きる我々にも大きな影響を及ぼしているように、国家的・全世界的に影響のある敗戦であった。

GHQ（連合国軍最高司令官総司令部）による占領支配を受け、GHQの指導のもとに日本国憲法が制定された。また日米安全保障条約が締結され、その結果、今も沖縄に米軍基地が置かれている。社会的にもアメリカ文化が強烈な勢いで日本に導入され、政治・経済もアメリカからの影響下に進められてきた。そして、戦後七十年を経ても日米安全保障条約は継続され、日本はなおもアメリカの影響下にある。国家的な敗戦がいかにその国にとって影響力を及ぼすかは、我々がもっとも承知していることである。

本論に即して言うならば、七世紀の日本が、近隣の朝鮮三国と関わりながら、唐《とう》という大国と戦い、敗北した白村江の戦は、二十世紀において、アジアを巻き込みながらアメリカという大国と戦い、敗北した第二次世界大戦と共通する点が見いだせるということである。もちろん科学の進歩など、細部においてはまったく異なるのは当然である。

しかし、大国と戦って敗戦すれば、占領支配を受けるといった戦争の法則から外れることはないはずである。逆の例であるが、近代において日本が日清戦争に勝利した時、下関講和条約によって、朝鮮の独立承認、遼東半島・台湾・澎湖列島の割譲、賠償金二億両《テール》の支払い等を清国に認めさせている。ところが、日本古代史研究の世界では、白村江の敗戦以後の「占領下」の日本を描く論考は一つとして存在しない。日本は敗戦したが、唐の占領は受けずに、唐と友好関係を保ち、唐の律令を導入して国力の充実をはかった、というのが定説である。

これは、正直なところ、戦争の常識を覆す論理である。戦勝国が敗戦国になにも要求しないということがまかり通るという論である。しかし、それを肯定することはできない。もちろん、論理とは別に、事実が存在するならば、それはそれで問題ないが、上記の日本古代史の論説は、確たる事実にもとづいての話ではない。ほとんどが、そうあってほしいという願望から導き出されたもので、『日本書紀』の記述をそのように解釈しているだけといわざるを得ない状況である。

本論は、戦争のルールに則って、『日本書紀』の記述を解釈し直した時に、どのような実態が浮かび上がるかという試みである。そのため、本書は『日本書紀』の時系列に沿って、日本古代の対外戦争である白村江の戦の前夜から、敗戦、その後の天智朝の政策の展開から天智の死までを描いている。

なお、古代の日本を「倭国」と表記することが一般的に行われているが、「倭国」という表現は中国から与えられたもので、本来の国名ではない。『日本書紀』などでも「倭」という表現は登場するが、訓みは「ワ」ではなく、「ヤマト」である。しかし「ヤマト国」がどの領域を指すかは時代によって変化があり、厳密な領域を示すことは、現段階において困難である。そこで、本書では、後世の表現であるが、漠然とした領域を示すものとして「日本」を使用することとする。「天皇」号については、通説に従い、天智朝までは「大王《だいおう》」と表記し、天武朝以降を「天皇」とする。ただし、史料引用においては原文表記のままとした。御理解を願う次第である。

目次

◎凡例　本文の『日本書紀』の引用は、小学館『新編日本古典文学全集4　日本書紀③』を底本とし、（　）で日付を補った。ルビは現代仮名遣いで付した。また、漢字表記のカタカナルビは、韓国語の現代音を著者が適宜必要な箇所へ付した。

◎掲載写真は、断りのない限り著者撮影による。

校　閲　下山健次／㈲シーモア

ＤＴＰ　㈱ノムラ

第一章
白村江への道

風雲急を告げる東アジア

天智《てんじ》(在位六六八―六七二)は通称を中大兄《なかのおおえ》といい、舒明《じょめい》(在位六二九―六四一)と皇極《こうぎょく》(在位六四二―六四五)の間に生まれた王子とされる。

父・舒明大王は天智がわずか十六歳の時に崩御《ほうぎょ》した。天智は二十歳《はたち》前であったため、大王就任条件としての年齢に達しておらず、父の後を継ぐことができなかった。そのため、一時的に母が即位して皇極大王となった。ところが、六四五年、叔父・軽王子《かるのみこ》による乙巳《いっし》の変が起こり、母・皇極は退位を余儀なくされ、軽王子が即位して孝徳《こうとく》大王(在位六四五―六五四)となり、いわゆる大化改新《たいかのかいしん》が行われる。

このように天智の身辺だけに限って時系列を追って叙述すると、乙巳の変は大王家の権力闘争のようにしか見えないが、実はそこには隋《ずい》(五八一―六一八)・唐(六一八―九〇七)と朝鮮三国との外交関係に端を発した問題も背景として存在した。それは、隋による中国の統一と、その隋による冊封《さくほう》体制・羈縻《きび》政策といった周辺諸国への支配権拡大路線の影響があったのである。

具体的には、高句麗《こうくり》は六世紀末以降、北進を果たし、靺鞨《まっかつ》・契丹《きったん》の一部を支配下におさめ、夫《ふ》余《よ》地域を領土に組み入れていた(李仁哲「高句麗による夫余と靺鞨の統合」)。五九八年に高句麗の嬰陽王《ヨンヤンワン》(在位五九〇―六一八)は遼西地域へ軍を進めたが、それは隋に帰付した粟末《ぞくまつ》靺鞨や

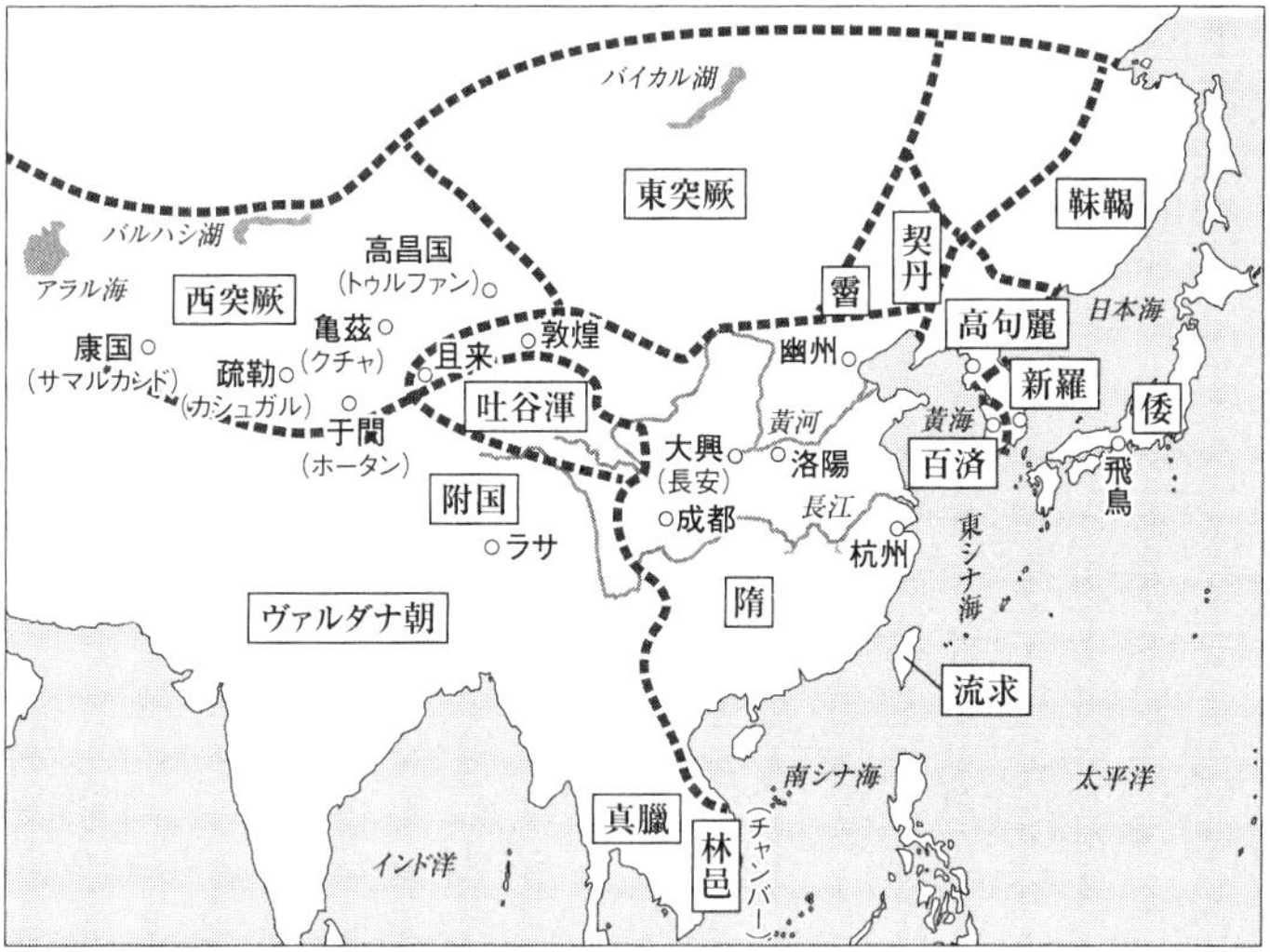

図1-1　7世紀初期の東アジア世界
出典：『新・歴史群像シリーズ⑱　大唐帝国』（学習研究社）原図より作成

遼海地域の契丹《きったん》・奚《けい》・霫《しゅう》・室《しつ》・韋《い》の諸国を奪還するためであった（林起煥「国際秩序の変動と隋・唐との戦争」）。

高句麗の西隣に位置した突厥《とっけつ》に対して、隋は東西に分裂させて弱体化をはかった。百済《くだら》はそうした高句麗と隋・唐の関係を視野に入れ、表面的には隋・唐に使者を派遣し恭順《きょうじゅん》を示したが、この好機を逃さずに高句麗と同盟を結ぶとともに、朝鮮半島南部の統一を計るべく伽耶《かや》・新羅《しらぎ》方面への軍事的進出を始めた。

半島の東南部に位置した新羅はもっとも厳しい立場に追い込まれ、北の高句麗、南西部の百済からの脅威を自国だけではねのけることができず、唐の援軍を求め続ける状況にあった。

このような隋・唐と朝鮮三国の動きは、

たんに外交だけの問題ではなく、軍事的な側面を伴うものであり、ある意味、もっとも厳しい立場にあった新羅が半島を統一し、唐の勢力を半島から駆逐《くちく》できたのも、諸国の勢力関係が微妙な均衡《きんこう》の上に成り立ち、傾き加減でどのようになるかわからない混迷状態であったからかもしれない。

それは、中国を統一した隋が高句麗遠征に失敗し、国力を疲弊《ひへい》させ、第二代煬帝《ようだい》の暗殺を可能にさせたことでもわかる。統一国家たる隋といえども絶対的な存在ではなかったということである。唐はその轍《てつ》を踏まないために、律令《りつりょう》制によって内治を充実させてから高句麗遠征を開始している。それでも高句麗の莫離支《ばくりし》淵蓋蘇文《ヨンゲソムン》が死亡して、その息子たちの内紛が勃発するまでは、唐の征討は成功しなかった。そのことを見ても、高句麗の地理的条件と軍事力は隋・唐にとって脅威であったことがわかる。

以上のような六世紀末からの国際的な状況の上に、日本が唐に敗北した七世紀の白村江の戦を評価しなければ、正しい評価は行いえないであろう。

白村江の戦は、たんなる局地戦の一戦闘ではないのである。

それは唐の東北経略、半島経略の一環の中でしか評価できないものである。

つまり、百済の復興の夢は断たれ、日本が唐・新羅に敗戦したことを意味する戦いであったということである。

天智朝を考える場合、七世紀という時代的な考察と、東アジアという空間的な考察の両面からみていく必要があることは、上記の東アジア的な状況を考えた時、多くの研究者が認めるところであろう。

女帝の世紀

そして、七世紀というのは東アジア的にとても興味深い現象が起きた時代であった。

それは女帝の世紀だったということである。

日本では推古《すいこ》（在位五九二―六二八）・皇極《こうぎょく》（在位六四二―六四五）・斉明《さいめい》（在位六五五―六六一）という二人三代の女帝が登場し、新羅においても善徳《ぜんとく》女王（在位六三二―六四七）・真徳《しんとく》女王（在位六四七―六五四）が出現し、中国では唐代（武周王朝）に武則天（在位六九〇―七〇五）が出た。もちろん三国における女帝出現の契機は異なり、なんら関連性は見いだせない。各国の女帝出現理由は一様ではなく、また明確でもない。

しかし、本来、軍事力を持たない女性が王や皇帝になるというのは、単純に興味深い現象である。そのような現象がなぜ起こったかを解明することはかんたんではないが、そのような現象が起こり得る社会的条件は、それほど複雑なものではないであろう。おそらく、社会的に不安定な条件が現出し、それが特異な政治形態を可能にさせたということではないであろうか。

唐の場合は、病弱な高宗《こうそう》（在位六四九―六八三）に代わって則天武后《そくてんぶこう》が即位して周《しゅう》王朝を一

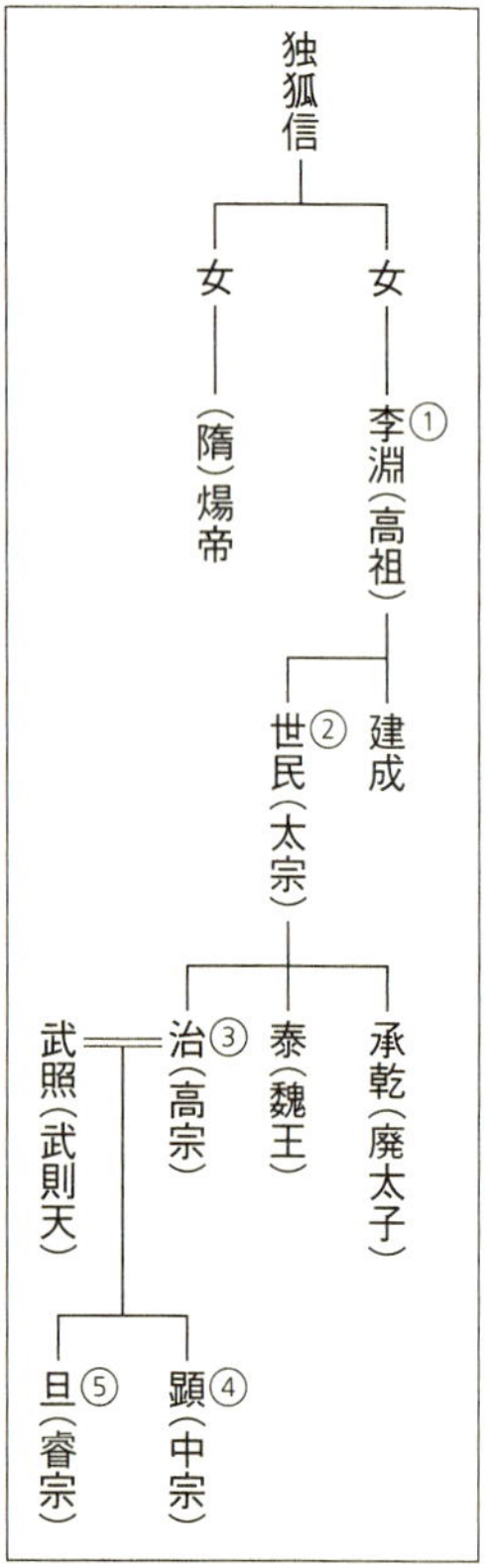

図1-2　唐皇帝系譜

時的に立てたので、新羅や日本の女帝とは事情が違うかもしれない。もし、高宗がもっとしっかりした皇帝であったなら、いたずらに女性皇帝を現出せしめる必然性はなかった可能性は高い。李世民《りせいみん》こと太宗《たいそう》（在位六二六―六四九）は、新羅の善徳女王に対して、新羅は女性が王だから近隣諸国に軽くみられるのである、自分の親類を王としてはどうかと提案しているくらいであるから、唐は男性皇帝を絶対視しており、武則天の即位は異例中の異例と考えるべきであろう。

　しかし、これとても東アジアの動乱という不安定な時代に際して、専制君主たる皇帝が、三代目のレールの上で決断力を発揮できず、唐帝国の主要メンバーも互いの牽制《けんせい》を行ううちに、女性の進出のチャンスを作ったということなのかもしれない。

　それに対して、新羅と日本には共通点がある。それは貴族・豪族の勢力が大きかったことである。両国とも王家は血縁的貴種《きしゅ》性が強調されており、現実社会における勢力はそれほど大きくはなく、国家方針は貴族・豪族の会議によって決められるという傾向があった。
それゆえ、王位継承も単純に前王の息子というだけでは即位できず、一定の年齢や家柄が問題とされた。そうなると、いきおい適当な男子が登場するまでは、前王の正妻や親族の女性が一時的に王位に就任する事態も生まれやすくなる。

写真1-1　朝倉橘広庭宮跡碑

そして、まさに新羅が百済と対決しなければならない状況において、善徳・真徳の二人の女王が生まれ、日本では百済復興軍の救援という事態に面した際に斉明女帝が登場するという状況の一致は、偶然とはいえ興味深いものがある。

その斉明は、百済復興軍からの救援要請に応え、斉明七年（六六一）正月六日に海路を出発して九州に向かった。途中、大伯《おおく》（備前国邑久郡《びぜんのくにおおくぐん》）の沖に至った時、同行していた大海人王子《おおあまのみこ》の妃・太田王女《おおたのひめみこ》が女児を出産して、地名にちなんで大伯王女《おおくのひめみこ》と名付けられるというハプニングもあった。また熟田津《にきたつ》（愛媛県松山市）では温泉に入り、額田王《ぬかたのおおきみ》が、

熟田津《にきたつ》に　船乗《ふなの》りせむと　月待《つきま》てば　潮《しお》もかなひぬ　今は漕《こ》ぎ出《い》でな

と斉明の代作をして（万葉集巻一―八）、博多《はかた》への航海の前途を祝《しゅく》した和歌を詠《よ》んでいる。

妊婦や歌人を連れての斉明の船旅は、まったく軍事的な緊張感を感じさせないもののように『日本書紀』は叙述する。このように記述された斉明の意識に、唐・新羅軍との戦いがいかに大変な決断であったかの自覚を感じることはむずかしいが、ともかくも大王一行は同年三月には博多の那大津《なのおおつ》に到着し、磐瀬行宮《いわせあんぐう》に入る。そして五月には早くも内陸部の朝倉　橘　広庭宮《あさくらのたちばなのひろにわのみや》（福岡県朝倉市）に移動となる。

百済の滅亡

話は遡《さかのぼ》るが、六四五年に蘇我《そが》氏を倒して即位した孝徳は、隋の滅亡と唐の政策を実見してきた僧旻《みん》と高向玄理《たかむこのげんり》をブレーンとして親唐路線を打ち出した。唐では六二六年から李世民（太宗）による貞観《じょうがん》（六二七―六四九）の治《ち》が始まり律令が整備され、科挙《かきょ》による官人の選抜が行われ、軍事・経済が充実するという成果を上げていた。それを見て旻も玄理も帰国していた。彼ら留学僧・留学生は唐の最新の政策を報告したはずである。旻や玄理は、長安という大都会で、隋が興《おこ》り、あっという間に唐の世となり、その唐が、次々と新しい政策を打ち出し、みるみるうちに勢力を伸長していく様子に驚き、畏怖《いふ》したことであろう。

　長安には周辺諸国の人々がやってきて、さまざまな情報をもたらしてくれる。なかでも突厥《とっけつ》は唐の北と西の広大な地域を占め、唐に対する圧力も大きなものであった。東北からは隋以来の高句麗の様子が伝わってくる。百済や新羅の商人も当然やってくる。朝鮮三国も緊張状態にある。戦争がいつ起きても不思議ではないほど世界は沸《わ》き立っていた。

　戦争にはまず資金が必要である。そのためには律令制を敷き、安定した国家収入を得なければならない。多くの税を徴収するためには、国民の数を増やさなければならない。そのためにも安定した生活を国民に提供する必要がある。人口増加は、税収も兵士の数も確保してくれる。これまで百済や新羅など朝鮮半島諸国との交流が中心であった日本も、隋の成立以降、中国との直接交流の重要性に気づき始めていた。旻たちは、溢《あふ》れんばかりの情報の洪水に身を震《ふる》わせながら、一刻も早く帰国し、日本も遅れをとらないように改革を進めなければならない。そんな気持ちになったとしてもおかしくはなかった。

　これほど広大な中国を統一する方法とはなにか。

もちろん軍事力は重要である。と同時に、広大な国土と膨大な人民を支配し、税を徴収し、国力を富ませる方法はなんだったのか。それを学ばなければ、日本は立ち遅れてしまう。そうした思いで夜も昼も眠れなかったかもしれない。

　実は百済は油断していた。百済は唐の情報はしっかり得ていた。しかし、高句麗が唐の相手をしている以上、唐の軍勢が百済を攻める気遣いはないと高《たか》をくくっていた。まさか新羅が、「高句麗征討の成功のためには、まず百済を滅ぼし、補給路線の安全を確保する必要がある」と献策し、唐がその案に乗るとは思ってもいなかったのである。

しかし、唐は何度もの高句麗遠征の失敗から学び、中継地点の必要性、補給路線の重要性を感じ始めていた。そこに新羅の献策があり、その道理を理解した。それが百済滅亡の最大の要因であろう。唐は百済全土で戦闘を展開するつもりはなかった。最低限の勝利があればよく、百済王族を長安に送って、百済に高句麗遠征のための最前線拠点が築ければよかった。それゆえ、百済の諸城は温存されており、そのことが復興軍の結成を生み、複雑な状況を生み出したのである。

孝徳朝が続いていれば、日本は親唐路線のまま、百済の滅亡に関与することはなかったであろう。しかし、孝徳は六五四年に没し、斉明の重祚《ちょうそ》となる。その六年後の六六〇年にまさかの百済の滅亡が起きる。この事情については拙書『白村江の真実　新羅王・金春秋の策略』に詳述したので繰り返さないが、一言でいうと、新羅の要請によって唐が百済追討を決めたことが最大の要因であった。唐は高句麗征討を実現したかった。その唐の野心を利用して、補給路の確保という餌を唐に提示して、そのための百済征討を、新羅が唐に説いたのである。

だが、六六〇年に滅びたのは百済王室と扶余《プヨ》であって、百済全体ではなかった。そのため温存されていた百済の諸軍隊は抵抗運動を始め、日本にも救援を求めてきたのである。孝徳ならば、百済復興軍の要望は無視したであろうが、斉明はその要望に応えた。もちろん中大兄を始めとして、諸豪族たちも議論を重ねたであろう。

その際、百済復興軍が抵抗活動において優勢であった状況、唐が高句麗とも戦闘し、膠着《こうちゃく》状態であるという状況などが判断材料となったはずである。それに加えて、唐が一人勝《ひとりが》ちしてしまうと、半島支配の魔の手は日本に及ぶ危険性も考えられたであろう。

それでも大国唐を相手の対外戦争である。

出来うる限りの情報を集めたであろう。

情報がなければ外交も戦争も始められない。

推古朝以来、遣隋使《けんずいし》を送り、遣唐使《けんとうし》を派遣してきた。仏教などの文化を通して、朝鮮三国とも交流してきている。人的関係も多少は築いている。たとえ唐に留め置かれる人々がいても、抜け道はあるものである。そうした人物・情報をもとに救援軍派遣を決めたはずである。

斉明と中大兄の政府は、百済復興軍を支援し、日本に滞在している余豊璋《よほうしょう》を復興百済の王として送りこむことを決定したのである。

斉明の崩御

なぜ斉明が海岸に面した那大津を離れて、内陸部の朝倉《あさくら》に遷《うつ》ったのかは謎である。これから海を越えて対外戦争を行うというときは、海岸部に軍事拠点を設置し、そこから指令を出すというのが順当であろう。内陸部に本部が置かれたら、情報伝達上も不便であるし、命令系統もスピードをもって行えない。これは孝徳が親唐路線を打ち出したときに、大陸・半島の情報と接するのに便利な難波《なにわ》に都を移したこととは逆の行動である。

そして斉明は軍事的なことはなにもしないまま、斉明七年（六六一）七月に朝倉宮で崩御してしまう。『日本書紀』はその様子を次のように記している。

秋七月の甲午《こうご》の朔《つきたち》にして丁巳《ていし》に、天皇《すめらみこと》、朝倉宮《あさくらのみや》に崩《かむあが》りましぬ。

八月の甲子《こうし》の朔に、皇太子《ひつぎのみこ》、天皇の喪《みも》を奉徙《うつしまつ》りて、還《かえ》りて磐瀬宮《いわせのみや》に至る。是《こ》の夕《ゆうべ》に、朝倉山の上に、鬼《おに》有りて大笠を著《き》て、喪《みも》の儀を臨《のぞ》み視《み》る。衆《ひとびと》、皆嗟怪《みなあやし》ぶ。

とある。現在、朝倉市には斉明天皇墓とされる恵蘇《えそ》八幡宮の御陵《ごりょうざん》山が存在する（写真1－2）。『日本書紀』の記述が正しければ、中大兄は斉明の遺体を磐瀬宮に運んでいるので、朝倉市には斉明の墓はないことになる。辻褄《つじつま》を合わせた考え方をすると、恵蘇八幡宮の御陵山は一時的に斉明の遺体を安置していた場所ということであろうか。

鬼が朝倉山の上から磐瀬宮の喪儀《そうぎ》を覗《のぞ》いていたというのは、距離的にも無理があり、この文章は後世の潤色《じゅんしょく》である。ようするに斉明の救援軍派遣に対して反対派がいたのであろう。それを「鬼」と表現して、鬼神すら無謀な救援軍の派遣に反対し、斉明の崩御を意味ありげに見つめて

写真1-2　恵蘇八幡宮御陵山

いた、というのであろう。あるいは、後世の書紀編者の創作かもしれない。

それはともかくとして、斉明の遺体は十月七日に磐瀬宮から海路を出発し、同月二十三日に難波に到着。十一月七日に飛鳥《あすか》の川原で殯《もがり》が行われたとある。しかし、同年七月に中大兄は長津宮と改名した磐瀬宮に遷り、「軍政」を執ることになる。そして九月には余豊璋に織冠を授けて百済に送り出し、十二月には高句麗からの使者の報告を聞いている。こうした状況を考えると、斉明の殯を行ったという十一月七日には中大兄はまだ博多におり、飛鳥には戻っていなかったと考えられる。中大兄不在のまま殯を行うとは考え難いから、この『日本書紀』の記事は検討を要する。

ともかくも、斉明は百済復興軍の救援を決定し、軍の派遣を命じただけで、なにも戦闘には関与しないまま崩御したことになっている。これが事実ならば、大和《やまと》朝廷は、この時点で、再度、救援軍の派遣について吟味しなおす機会を得たことになる。しかし、後継首班の中大兄は派遣を中止することなく、東アジア大戦ともいえる戦闘に加わっていくこととなる。

中大兄の執政

斉明崩御の後、天智即位前紀は「皇太子《ひつぎのみこ》、素服《そふく》して称制《しょうせい》したまふ」と記す。そして通説では、『日本書紀』天智七年（六六八）正月三日条に「皇太子、即天皇位《あまつひつぎしらしめ》す」とある七年間を中大兄が即位しないまま称制《しょうせい》していたと理解している。

ところで、この称制とはいったいどのようなことを指すのであろうか。小学館の『日本書紀③』の頭注は、

勅命を伝える文書を制ということから、天子の後継者が即位の式を挙げずに政務を執ることを称制という。ここは皇太子の称制であるが、天武天皇が朱鳥元年九月に没した後、皇后（持統天皇）が「臨朝称制」したことが持統前紀にみえる。天智天皇が正式に即位したのは称制七年二月、天武天皇の皇后が即位したのは称制四年正月。（後略）

と説明する。持統《じとう》の場合は、女性であり皇后であったから、一時的に「称制」という形態をとることもありうる。適当な男子後継者が決まるまでの一時的な措置である。しかし、中大兄の場合は、まさにその適当な男子後継者であり、そのまま即位することに問題はない。むしろ「称制」というイレギュラーな形態をとる方が不自然である。

これについて、直木孝次郎氏は、「大和へ帰れば、いくら敗戦後の処置に忙しいといっても、即位の式をあげることは不可能ではあるまい。それをしなかったのは、やはりほかに決定的な理由があったからだと思う」（『日本の歴史2　古代国家の成立』三〇七頁）と疑問視されている。もっとも、直木氏は、その「決定的な理由」を、国文学者・吉永登氏のいう中大兄—間人《はしひと》皇后婚姻説を認めて、同母妹との秘匿《ひとく》すべき婚姻関係を認めれば、「なぜ中大兄は二十三年もの長いあいだ皇太子のままでいたか、という古代史の疑問もとけるのである」（同書、二五〇頁）と述べる。

吉永氏の説は、孝徳が間人に贈ったとされる、

金木着《かなきつ》け　吾《あ》が飼《か》ふ駒《こま》は　引《ひ》き出《だ》せず　吾《あ》が飼《か》ふ駒《こま》を　人見《ひとみ》つらむか

という和歌を、「駒」が間人で、「人」が中大兄と解釈して、想像豊かに中大兄と間人の恋愛を孝徳が妬《ねた》んで詠んだとすることに依拠《いきょ》している。しかし、和歌の内容をそのように解釈することは難しいし、たとえそのように解釈したとしても、中大兄と間人の婚姻まで想像するのは無理がある。和歌は文学であり、ある種、言語遊戯である。そして文学作品である以上、第三者が読み、批評することを前提に作られている。そこに一片の真実があったとしてもあくまで創作物なのである。

さらに、政治的な立場にある中大兄が、即位するかしないかを、個人的問題や感情で決めることがあったとも思えない。この時期の大王には豪族会議の承認が必要であったことを考えると、もし中大兄が妹・間人との間に恋愛関係を生じていたならば、大海人という他の候補がいる以上、豪族会議は中大兄を候補から外し、大海人を大王位に推挙《すいきょ》したはずである。

『日本書紀』の嘘

だが、「称制」の形であれなんであれ、中大兄政権が継続されたことを史実と認めるならば、豪族たちは政権継承者として中大兄を承認していたということになる。とすると、「称制」である必要はない。実質的な最高権力者として、豪族たちが中大兄を認めていたならば、中大兄は即位していたはずであり、「称制」という『日本書紀』の記述こそを疑うべきであろう。

『日本書紀』は後の天武（在位六七三―六八六）によって編纂がなされたことは有名である。

『日本書紀』天武十年三月条に、

丙戌《へいじゅつ》に、天皇、大極殿《おおあんどの》に御《おわ》しまして、川嶋皇子《かわしまのみこ》・忍壁《おさかべ》皇子・広瀬王《ひろせのおおきみ》・竹田王・桑田王・三野《みの》王・大錦下《だいきんげ》上毛野君《かみつけののきみ》三千《みちぢ》・小錦中《しょうきんちゅう》忌部連《いんべのむらじ》首《こびと》・小錦下《しょうきんげ》阿曇連《あずみのむらじ》稲敷《いなしき》・難波連《なにわのむらじ》大形《おおかた》・大山上《だいせんじょう》中臣連《なかとみのむらじ》大嶋《おおしま》・大山下《だいせんげ》平群臣《へぐりのおみ》子首《こびと》に詔《みことのり》して、帝紀《ていき》と上古《じょうこ》の諸事を記定《しるしさだ》めしめたまふ。大嶋・子首、親《みずか》ら筆を執りて録《しる》す。

とある「帝紀と上古の諸事」が後世の『日本書紀』と考えられている。小学館版『日本書紀③』の頭注も、この「帝紀及び上古の諸事」を「これが養老四年（七二〇）に『日本書紀』として撰進される」と理解している。

つまり、『日本書紀』の記事は、近江朝《おうみちょう》を簒奪《さんだつ》した張本人である大海人こと天武の意図《いと》によって編纂されているわけである。筆者はかつて『偽りの大化改新』で、天武が間接的に兄・天智を貶《おとし》めんとして、乙巳《いっし》の変の首謀者を中大兄と記した可能性について論じたことがある。もし、その推測通りであれば、この天智「称制」も、天智朝の治世《ちせい》期間を短縮せんがための詐術《さじゅつ》ではないかと考える。

天智紀の記述については、早くに坂本太郎が「天智紀の史料批判」の中で、

> 天智紀を一見して気づくことは、この巻に編修上の遺漏欠陥が多く、未定稿ともいいたいような杜撰の所の見えることである。天皇は七年戊辰に即位するので、それまでは称制であり、身分は皇太子である。同紀でも六年までは天皇を皇太子と記すのを例とするが、ただ一度三年二月己卯朔丁亥には、「天皇命㆓大皇弟㆒」と天皇と記している。これは前後を考えれば当然「皇太子命㆓大海人皇子㆒」と記すべきところで、編者にいちおうこの紀を通読し、文

章に推敲を加える意図があったならば、けっして見逃さないはずのものでなければならぬ。

（三二―三三頁）

と指摘している。天智紀にはどのような編集上の問題があるかは正直なところ筆者にはよくわからない。むしろ『日本書紀』の各所に疑義《ぎぎ》は存在する。この天智紀だけが特別に問題が多いか否かはかんたんにはいえない。いずれにしても編纂物には編者の意向が反映し、史実そのものが記述されているわけではない。

それはそれとして、「天皇は七年戊辰に即位するので、それまでは称制」という前提が間違っていれば、つまり、すでに天智が即位していれば、「天皇命大皇弟」という表記は、実はそこだけが正しい本来の記述であった可能性もある。もしかすると、天智紀の記述に天武が関与し、基本的に中大兄のことを「皇太子」と記述させていたが、編者が一か所にだけ「天皇」表記を挿入し、後世の歴史家にヒントを与えてくれたのかもしれない。

「称制」については多くの研究者が認めているが、どの研究も推測以上のものではなく、確たる論拠を見いだせていない。『日本書紀』に「称制」と書かれているというのが唯一の論拠である。もし「称制」が史実だとして、しいてその理由を考えると、第一に長津宮という大和国ではない場所での大王の即位は避けたかったかもしれないという地理的な問題が考えられる。第二に対外戦争の真っ最中であるという状況的な問題である。同年八月には、阿曇比邏夫《あずみのひらふ》・河辺百枝《かわべのももえ》・

阿倍引田《あべのひきたの》比邏夫たち諸将軍が百済復興軍を救援するために、九州の博多湾を出帆している。このような非日常的な状況での即位は経験のないことだったのかもしれない。

だが即位式そのものは後に挙行するとして、即位だけは行うことも可能だったのではないであろうか。戦争に介入した矢先の、国家的決断が必要とされる時期に、決定者が不在というのはありえない状況である。むしろ第二の問題は、変則的であっても国家の首長がいないと軍事の指揮系統が不安定となる。軍事指揮の安定化のためにも中大兄の即位は望まれたのではなかろうか。

ここで再確認したいのは、百済復興救援軍を朝鮮半島に派遣したのは中大兄王子だったことである。『日本書紀』天智即位前紀七月の是月条に、

皇太子《ひつぎのみこ》、長津宮《ながつのみや》に遷《うつ》り居《おわ》しまして、稍《ようやく》に水表《おちかた》の軍政《いくさのまつりごと》を聴《きこ》しめす。

とあることから、軍事指揮権が中大兄にあったことが確認できる。つまり斉明女帝が崩御すると、間髪《かんぱつ》を入れずに中大兄が軍事権を掌握しているのである。そして一か月後に、百済復興軍の救援のために、阿曇比邏夫連・河辺臣百枝臣・阿倍引田比邏夫臣・物部連熊《もののべのむらじくま》・守君大石《もりのきみおおいわ》らが、中大兄の指揮に従って外征に出発している。この時、中大兄は三十六歳。即位には十分な年齢であった。

一方、斉明の没年は六十八歳である。老齢とはいえ、庶民とは違い、なに不自由なく育ち、王

家の女性として栄耀栄華《えいようえいが》を極めてきた。その姿態はじゅうぶんに艶《あで》やかだったかもしれない。彼女は舒明の后《きさき》となり、みずからも二度も大王となった。この波乱に満ちた母の人生を振り返る時、中大兄は感慨もひとしおだったのではなかろうか。その母が華やかな飛鳥の地ではなく、鄙《ひな》びた朝倉橘広庭宮で最期を迎えなければならなかった。唐との対外戦争に出向くのに際し、最高権力者の大王が門出《かどで》を祝うというためだけに、老齢の母をこのような九州の果てまで連れてきてしまったことに、中大兄は後悔していたかもしれない。そのうえ、ここではじゅうぶんな葬儀もできない。母への不幸を詫《わ》びる気持ち、母を亡くした哀しみ。そうした感情が中大兄を襲っていたかもしれない。しかし、事態はそれを中大兄に許さなかった。彼の目の前には、船出の合図を今や遅しと待っている将軍たちの姿があった。

当時の中大兄や大和朝廷が置かれた状況を考えると、即位式などは問題ではなかったであろう。これから行う戦争に負けてしまえば、大王家も大和朝廷もなくなる。後世の書紀編者には、儀式は重要であろうが、当時の中大兄たちはそれどころではない。斉明が崩御し、その息子の中大兄が傍《かたわら》にいた。唐・新羅を相手に戦争をするのには、正式な指導者が必要である。中大兄は年齢も十分であるし、これまでも斉明を支えてきた。彼に軍事指揮権を預けよう。そうした自然な流れがあってもおかしくない。

いや、それどころか、まさに船出せんとしていた将軍たちにとっては、斉明女帝よりも頼りがいのある大王である。自分たちが船出した後の後方支援はどうするつもりか。兵器や戦船《いくさぶね》の補充はどうする予定か。戦争の期間をどのように見積もっているのか。これまで女帝に尋ねられなかったことも、中大兄になら聞ける。誰一人として、「称制」など頭に浮かんだ人間はいなかったのではなかろうか。

日本からの救援軍派遣

日本側の軍事行動について、『日本書紀』は次のように記している。

① 天智即位前紀（六六一）八月〔前将軍・後将軍の二隊編成の船出〕
八月に、前将軍《まえのいくさのきみ》大花下《だいけげ》阿曇比邏夫連・小花下《しょうけげ》河辺百枝臣《ももえのおみ》等、後将軍《しりえのいくさのきみ》大花下阿倍引田《ひけたの》比邏夫臣・大山上物部連熊・大山上守君大石等を遣《つかわ》して、百済を救はしむ。仍《よ》りて兵仗《つわもの》・五穀《ごこく》を送りたまふ。

② 天智即位前紀九月〔余豊璋の送出し〕
皇太子、長津宮《ながつのみや》に御《おわ》しまし、織冠《しょくかん》を以《も》ちて百済の王子豊璋《ほうしょう》に授けたまふ。復《また》、多臣蔣敷《おおのおみこもしき》の妹《いも》を以《も》ちて妻《め》にあはす。乃《すなわ》ち大山下狭井連檳榔《さいのむらじあじまさ》・小山下秦造《はたのみやつこ》田《た》来《く》津《つ》を遣して、軍《いくさ》五千余を率《い》て、本郷《もとつくに》に衛送《まもりおく》らしむ。是《ここ》に、豊璋が入国之時《くににいるとき》に、福信《ふくしん》迎へ来《きた》り、稽首《おろが》みて国朝《くに》の

政《まつりごと》を奉《あ》げて、皆悉《ことごとく》に委《ゆだ》ねたてまつる。

③天智元年（六六二）正月二十七日〔矢十万隻の援助〕
百済の佐平鬼室福信《さへいきしつふくしん》に矢十万隻《せき》・糸五百斤《きん》・綿《わた》一千斤・布一千端《たん》・韋《おしかわ》一千張《ちょう》・稲種《いなたね》三千斛《こく》を賜《たま》ふ。

④天智元年五月〔軍船百七十艘の船団〕
五月に、大将軍《おおきいくさのきみ》大錦中阿曇比邏夫連等、船師《ふないくさ》一百七十艘《そう》を率《い》て、豊璋等を百済国《くだらのくに》に送り、勅《みことのり》を宣《の》りて、豊璋等を以《も》ちて其《そ》の位《くらい》を継《つ》がしむ。又、金策《きんさく》を福信に予《たま》ひて、其の背を撫《かきな》で、褒《ほ》めて爵禄《かがふりもの》賜ふ。

⑤天智元年是歳〔兵甲・船舶・軍糧の援助〕
是《こ》の歳《とし》に、百済を救はむが為《ため》に、兵甲《つわもの》を修繕《おさ》め、船舶《ふね》を備具《そな》へ、軍糧《いくさのかて》を儲設《ま》く。

⑥天智二年（六六三）三月〔前将軍・中将軍・後将軍の三編成　兵二万七千人〕
三月に、前将軍《まえのいくさのきみ》上毛野君稚子《かみつけののきみわくご》・間人連大蓋《はしひとのむらじおおふた》・中将軍《なかのいくさのきみ》巨勢神前臣譯語《こせのかんさきのおみおさ》・三輪君根麻《みわのきみねま》呂《ろ》、後将軍《しりえのいくさのきみ》阿倍引田臣比邏夫・大宅臣鎌柄《おおやけのおみかまつか》を遣して、二万七千人を率《い》て、新羅を打た

しむ。

⑦天智二年八月十三日〔健児一万人余の増援〕
大日本国《やまとのくに》の救将《すくいのいくさのきみ》盧原君臣《いおはらのきみおみ》、健児万余《ちからひとよろずあまり》を率て、正《まさ》に海を越えて至《いた》らむときく。

白村江の戦が天智二年八月二十七日であるから、それまでに日本からは以上の七度の兵員・武具・軍糧の派遣記事が確認できる。このうち、①の記事は、前将軍・後将軍が記述されていることから考えて、百済復興救援軍の全軍構成を記したものと考えられる。ここには軍勢の数的な記述はないが、④において百七十艘の船団だったことが判明する。ただし、この船数はそれほど信用できない。天智二年八月十七日条に記された白村江に配置された唐軍の「戦船《いくさのふね》一百七十艘」と同じ数字だからである。これを偶然の一致とするには数字が一致しすぎている。

また②〜④の記事を整合的に解釈すると、余豊璋《よほうしょう》は大山下狭井連檳榔《さいのむらじあじまさ》・小山下秦造田来津《はたのみやつこたくつ》に率いられた五千の兵士を護衛として本国である百済に帰国したようである。この五千の兵は、①の前後二軍編成の中から、特に選抜して編成されたものであろう。復興軍の将・鬼室福信《クイシルボクシン》はみずから豊璋を出迎え、豊璋を百済王に就任させた。それに対して、大山下狭井連檳榔・小山下秦造田来津の二人は、天智の指令を受けていたのであろう、福信に金策《きんさく》を与え、その労をねぎらい、爵禄として矢十万隻・糸五百斤・綿一千斤・布一千端・韋《おしかわ》一千張・稲種三千斛《こく》を与えたという。

この矢十万隻以下の品々は⑤に見える兵甲・軍糧の一部なのかもしれない。

そうすると、具体的な軍勢についての記事は、⑥と⑦だけとなる。そのうち⑦の「健児《ちからひと》万余」は「正に海を越えて至らむ」部隊であるから、後続部隊と考えてよかろう。書紀の記載を信じれば、天智二年八月十三日の段階では、まだ福信たちが拠《よ》る州柔城《つぬじょう》には到着していない。州柔城は「周留城」「豆陵（良）伊城」「豆率城」「支羅城」とも史料では表記されている。現在の忠清《ちゅうせい》南道《なんどう》舒川郡にある韓山のことと考えられているが、確定的ではない。しかし、同月二十七日の記事を見ると、「日本《やまと》の船師《ふないくさ》の初《ま》づ至れる者と大唐の船師と合戦《あいたたか》ふ」とあるのは、日本軍の本隊なのか、後続部隊なのかは不明である。

そして、同月二十八日の決戦当日の記事には、「日本の伍《つら》乱れたる中軍の卒《ひとども》を率《い》て」とあるのが史実であるならば、本隊は前・中・後の三部隊編成に変更された⑥の二万七千人の軍であると考えられる。とすると、白村江の戦には、⑥天智二年三月に派遣された前将軍上毛野《かみつけの》君《のきみ》稚子《わくご》・間人連大蓋《はしひとのむらじおおふた》・中将軍巨勢神前臣譯語《こせのかんさきのおみおさ》・三輪君根麻呂《みわのきみねまろ》、後将軍阿倍引田臣比邏夫《あべのひきたのおみひらふ》・大宅臣《おおやけのおみ》鎌柄《かまつか》の二万七千人の軍と、⑦八月十三日に登場する廬原君臣《いおはらのきみおみ》に率いられた後続部隊一万余の軍が参加し、最低でも三万七千余の兵が参戦したと思われる。

では、この三万七千余の軍が、百済復興救援軍のすべてであろうか。①の天智即位前紀八月に派遣された阿曇《あずみ》比邏夫連・河辺百枝臣《かわべのももえのおみ》等、阿倍引田比邏夫臣・物部連熊《もののべのむらじくま》・守君大石《もりのきみおおいわ》等の軍との関係はどうなっているのであろうか。

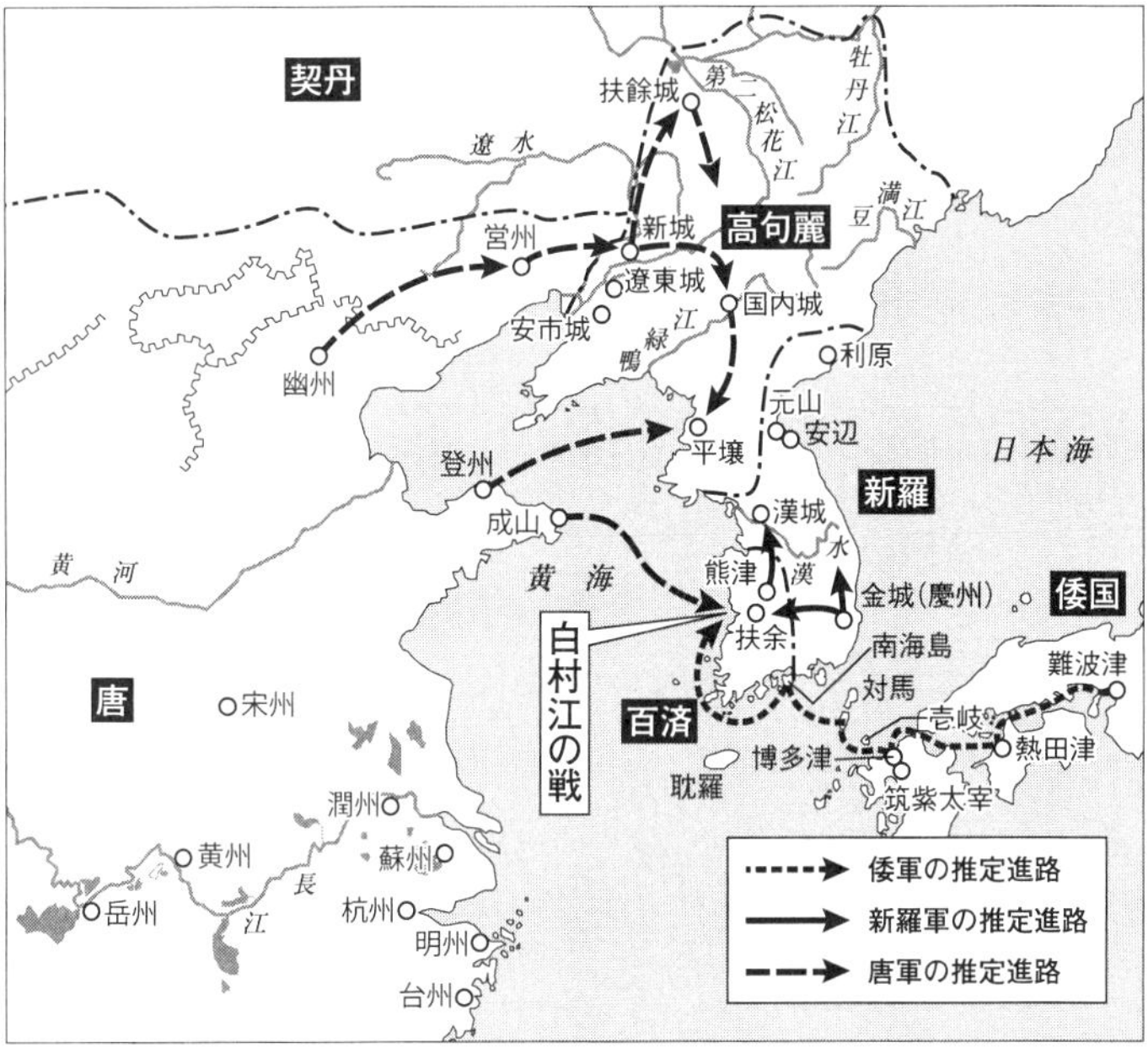

図1-3　白村江の戦①
出典：『新・歴史群像シリーズ⑱　大唐帝国』（学習研究社）原図より作成

小学館版『日本書紀③』の頭注は、「即位前紀八月条に、前後二軍の編成で百済を救援するとあるが、これは発遣されなかった」（二五七頁）とかんたんに記す。また、多くの研究者は、盧原君臣の一万余の軍勢は無視して、②の五千人と④の百七十艘と⑥の二万七千人を日本軍とする。たとえば、井上光貞は「大化改新と東アジア」の中で、「この三度の出兵、『書紀』によれば、別働隊の五〇〇〇人、第一次派遣軍の一七〇艘、第二次の二万七〇〇〇人はいかなる軍隊」（一六一頁）かを検討している。

また鈴木靖民氏は「東アジアに

おける国家形成」の中で、「六六一年と六六三年、死没した斉明に代わり中大兄（天智・六六八年まで即位せずに執政）が最高指揮権を握って臨戦体制がしかれ、二度にわたって百済再興のための救援軍が編成・派遣された。しかし倭軍は大敗を喫し、外征は失敗した」（七七頁）と述べる。この「二度」の救援軍は、前後の文脈からみて①と⑥のことをさすと考えられ、やはり、⑦の廬原君臣が率いた一万余の軍勢は無視されている。

第一次派遣軍

ところが、森公章氏は、『「白村江」以後』の中で廬原君臣の軍勢についても注目している。森氏は、①と②を同じ時の事として、これを第一次派遣軍とし、⑥の二万七千人を第二次派遣軍として、廬原君臣の一万余人を第三次派遣軍とする。森氏は、

豊璋帰国に際し、筑紫の豪族を含む軍勢が狭井連らに率いられ渡海したが、比羅夫も筑紫大宰帥としてこの軍勢の募兵に関与し、ともに渡海した。だが、「百済を救い、仍りて兵仗・五穀を送る」とあるように、この渡海は百済救援の物資を送り、豊璋衛送の軍を無事に護送することだけが目的で、そのため任務が終ると、すぐに百済から帰国した、と。つまり私は、六六一年四月の豊璋帰還要請をうけて、九月に豊璋衛送軍が渡海したと見る。これが第一次

の派遣軍である。(一三二頁)

と述べる。森氏が国家間の戦争をどのように考えているかは不明である。果たして、大軍を派遣して護送だけで引き返してくるなどといった悠長なことが可能だったのか疑問である。また、森氏は四世紀末から五世紀初の高句麗好太王《こうたいおう》碑文に記された時代の「倭兵」が頑強であったことを取りあげ、百済が対高句麗戦に「倭」を利用したことなどを指摘する。しかし、それは過去のことであり、天智朝になんら関わりのないできごとである。斉明・天智が唐という強大な大国と新羅の連合軍との戦争を決意するには、相当の覚悟が必要であったはずである。戦争の目的は勝利ではなく、百済復興軍を支援することで、百済を再興させ、半島の均衡をもとに戻し、唐の進出を食い止めることにしかなかったはずである。

逆の言い方をすれば、百済再興が成功しなければ、半島はおろか日本までもが唐の支配下に陥ることを覚悟していたということである。生半可な覚悟や戦略では、百済復興軍の支援はできなかったといえよう。①六六一年の記事が、実際にはいつの記事かは特定できないが、第一次派遣軍の記事であることは間違いない。不退転の決意をもって送り出した派遣軍が、豊璋護送を確認した後は、そのまま帰国したとはとうてい思えない。もし、豊璋護送が目的ならば、最初から護送軍五千人だけでよかったはずである。

そして、これは誰も論じないことであるが、①の第一次派遣軍は半島のどこに着岸したのであろうか。中世以降であれば、博多を出た船は対馬《つしま》を経由して釜山《プサン》港に着岸する。しかし、釜山港のある慶尚《けいしょう》南道《なんどう》は新羅領となっていたと考えられるから、それはありえない。となると、単純に考えれば旧百済領の半島南西端の全羅《ぜんら》南道のどこかということになるが、複雑な海岸線に多くの軍船を着岸させて、そこからさらに地理不案内な陸路を福信たちのいる熊津《ウンジン》まで向かうのは労力の無駄である。むしろ全羅北道まで船で行く方が安全ではないかと考えられる。

また、②には「福信迎へ来り」という記述が見え、③にはその福信への賜物がみえる。この福信が豊璋を迎えに来たという記事が事実であれば、日本の軍船が着岸したのは福信がいた州柔《つぬ》(周留《ズリュ》)城からさほど遠くない場所であったと考えざるを得ない。

『三国史記』百済本紀巻六・義慈王《ウイジャワン》二十年の条に、

武王の従子福信《ボクシン》、嘗《かつ》て兵を将《ひき》ゐむ。乃《すなわ》ち浮屠《ふと》道琛《ドチム》と周留《ズリュ》城によりて叛《はん》す。古王子扶余豊《プヨプン》は嘗て倭国に質《しち》たりしを迎へて立てて王となす。

とあり、福信が余豊璋《ヨプンジャン》を迎えた時に拠点としていたのが周留城であったことが確認できる。周留城は半島中西部の忠清《ちゅうせい》南道にある。とすれば、日本軍が着岸したのも忠清南道の海岸であった可能性が高いのではなかろうか。もっとも「百済本紀」の記事は、たんに「迎へて」とあるだけで、実際に港まで迎えに出向いたとは書かれていない。『日本書紀』の「福信迎へ来り」という表現との違いはある。

だが、福信にとって豊璋は重要な人物である。いくら福信たち復興軍ががんばっても、王に立てるべき人物がいなければ、百済の国の復興は成立しない。そうしたことを考えると、復興軍が戴《いただ》くべき重要人物の豊璋を福信が自ら迎えに行くことはじゅうぶん可能性のあることと思われる。
①の「兵仗・五穀」を③の「矢十万隻・糸五百斤・綿一千斤・布一千端・韋一千張・稲種三千斛」と考えるのは、あまりにも都合がよすぎるかもしれないが、①と④は同じ記事の別表現としか考えられない。天智即位前紀八月と天智元年五月という時間的な違いがあるが、「阿曇連比邏夫」が共通していることは重要である。位階に相違はあるが、大将軍が別の軍団を率いているとは考えにくい。②と④も同じ豊璋を百済本国に護送する記事だが、天智即位前紀九月と天智元年五月という日時が違っている。これも重要人物が共通するのだから、同じ出来事と理解すべきである。そして⑤の「兵甲・軍糧」も①の「兵仗・五穀」に相当すると考えられる。
もし、このように考えることが可能ならば、①〜⑤の記事は、豊璋の護送と武器・食糧の援助、救援軍の派遣という一つの出来事を、分散して記述したといえよう。それぞれの記載は、武器・食糧・軍の出発日時と、到着日時、百済の受け取り日時などに時間差があったために生じた可能性もあるし、たんに適当な日時に分記しただけかもしれない。

とすると、前後二軍編成が組まれた①の軍勢は不明だが、次のように考えられる。

まず救援第一次派遣軍は前後二軍編成で出発した。そして旧百済領の忠清南道の周留城にほど近い海岸に着岸した。そこに福信たちが迎えに来ていた。まずは護衛五千人を付けて豊璋を周留城に送り出した。他方、到着後、残りの二万七千人の軍を前・中・後軍の三軍に編成しなおして、新羅への侵攻を開始した。つまり、①の百済復興救援軍は総勢三万二千人だったと考えられる。もちろん、これはあくまで『日本書紀』の数字を信用してのことであり、たんなる仮説にすぎない。

第二次派遣軍

豊璋の重要性は日本軍にとっても同じである。復興軍が求めてやまない百済王家の人物を日本軍が推戴《すいたい》して送り届ける。これほど劇的で印象深い政治的行為はありえない。戦後のことを考えると、百済との外交上、日本の協力をより効果的に百済の人々に理解させるためにも豊璋の送還は重要事項であった。

それゆえ、周留《ズリュ》城へ向かう豊璋に日本軍は五千人という多数の護衛軍を付けて、周留城での豊璋の発言権が強まるように配慮したのであろう。残りの二万七千人は勝手に戦闘に入るのではなく、周留城で戦闘計画が立てられてから、その指示に従って動く予定で、着岸地に駐屯していたと考えられる。彼らは百七十艘と記述された船舶で旧百済領に来ているわけで、船舶にも多くの軍勢が乗船したままであったろう。軍船を無人にするわけにはいかないから、交替で乗船して留守役を果たしていたはずである。

他方、求められて帰国したとはいえ、豊璋にとって故国百済は三十年ぶりである。当然、親しい人物もいない。自分を呼び戻してくれた福信とも初対面に近かったであろう。豊璋の考え方も日本的になっており、百済の習慣そのものに慣れていなかったと思われる。その豊璋にとって、頼りになるのは福信たちではなく、自分を護送してくれた五千人の日本兵であり、その兵たちを率いてきた将軍であったと考えて間違いなかろう。

そして、さらに豊璋の感情を忖度《そんたく》すると、彼の感情的な高揚感が理解できるのではなかろうか。日本にあっては、百済の王子といえども、一人のエトランゼにすぎない。故国を懐かしんで養蜂なども試みてみたが、それで心が癒《いや》されたわけではなかった。孝徳朝になり、唐からの情報が、風雲急を告げるようになり、百済からも新羅からも使者が大和に来るようになった。あきらめていた帰国にも希望が湧いてきた。しかし、父義慈王（在位六四一―六六〇）も兄弟たちも長安に連れて行かれてしまったという。復興軍は威勢のよいことを言ってきているが、果たして本当かどうかわからない。鬼室福信の名前は記憶にあるが、顔など覚えていない。一人で帰国しても大丈夫なのか。むしろ日本にいて成り行きを見守ったほうがいいのではないか。そのような豊璋の不安を吹き飛ばしてくれたのが、百七十艘もの軍船であり、五千人もの護衛兵士である。

戦闘を経験したことのない王子豊璋は、これだけの軍勢を自分が率いてきた気持ちになり、これまでの不安もどこへやら、もう勝った気分になっていたかもしれない。

「百済本紀」によると、この後、百済復興軍内では内部抗争が起きる。

復興軍は豊璋を百済王に迎えて意気盛んとなり、唐軍の劉仁願《りゅうじんがん》を泗沘城《サビじょう》に包囲した。これに対して唐軍は劉仁軌《りゅうじんき》を救援軍として派遣し、新羅軍も合流して復興軍との戦闘に入った。この後の戦闘の展開がどうなったかは、実は「百済本紀」の記事は錯綜《さくそう》がみられ、正確には把握できない。ただ、劉仁軌を救いにきた金欽《キムフム》の軍が古泗《コサ》に到着したときに、「福信、邀撃して之を敗る」という勢いを見せていた。

ここに登場する劉仁願と劉仁軌はともに唐の軍人である。姓も同じで、名前も一字しか違わないので、たいへんまぎらわしい。しかも『新唐書』も『旧唐書』も列伝に劉仁軌のみ載せて、劉仁願の列伝がないので二人の関係は不明である。このあと、劉徳高《とくこう》という人物も出てくるので、ややこしいことこのうえない。

ともかく、『旧唐書』巻八四・列伝三四・劉仁軌伝によると、

劉仁軌は汴《べん》州尉氏《いし》の人なり。少《おさな》きより恭謹《きょうきん》にして好学たり。隋末の喪乱《そうらん》に遇《あ》ふも、専習に遑《いとま》あらず。行く毎に所在に坐《ざ》し、輒《すなわ》ち空に書し地に画《か》く。是により博《ひろ》く文史に渉《わた》る。武徳の初に、河南道の大使の管国公任瓌《にんかい》、まさに論事を上表せんとす。仁軌、其の起草を見、因《よ》りて数字を改定せんとす。瓌、甚だ之を異《あや》しむ。遂に赤牒《せきちょう》して息州の参軍に補《ほ》す。稍《ようやく》に

写真1-3　韓国扶余市、当時の百済の住居が復元された生活文化村

して陳倉の尉《じょう》に除さる。

とあり、年若き頃より好学であり、あちこちに探求に出かけたようである。しかも『新唐書』によれば、「少貧賤」とあるから、少年時代は貧しい家柄であった。どこにでも座り、空中に字を書き、地面に描いたというのは、あるいは貧しさ故だったかもしれない。しかし、彼の知識は深まり、管国公任瑰《にんかい》の上表文を添削したことから官界への道が開けたとある。劉仁軌が劉仁願と接するのは、はるか後年で、六六三年五月に劉仁願が百済の熊津《ウンジン》都督府で百済復興軍に包囲された時である。同じく劉仁軌伝によると、

旧将《きゅうしょう》福信、衆を率ゐて復《また》叛す。故王子の扶餘豊を立てて王と為《な》し、兵を引いて、仁願を府城に圍《かこ》む。詔《みことのり》して仁軌に帯方《たいほう》州刺史《しし》を検校《けんぎょう》せしめ、文度《ぶんど》に代《かわ》りて衆を統《す》べしむ。便《すなわ》ち道を発《た》ち、新羅兵と

勢《いきおい》を合せ、以《もっ》て仁願を救う。

これらを見ると、劉姓という共通性はあるが、直接の姻戚関係はないようである。イメージ的には、仁願はエリートの家柄で、仁軌は出自は低いが、実力で昇進してきた人物のようである。

さて、復興軍は、僧・道琛《ドチム》と鬼室福信《クイシルボクシン》の二人が中心的存在であったが、福信が道琛を殺害するという事件が起こる。その時、「豊、制すること能《あた》はず」とあり、豊璋《プンジャン》は福信の行動を制止することはできなかった。この辺の事情は、復興軍も最終的に失敗に終わり、日本軍も敗北しているので、一方的な史料しか残されていないのでなんとも解明が困難である。

「百済本紀」は「福信、道琛を殺し、其の衆を并《あ》はす」と簡便に記すのみであるし、「新羅本紀」も「福信、道琛を殺し、其の衆を并はす」とまったく同じ表現である。もちろん滅亡した復興軍内で起こった事件であるから、詳細は知りようがない。むしろ詳しい記述があれば怪しむべきであろう。ただ、「新羅本紀」には、内紛はあったものの、福信の軍については「叛亡せるを招還し、勢甚だ張る」とあり、勢力が強大であったことを記している。

この状況は日本軍にとってはどうであっただろう。

復興軍の指揮系統が、豊璋を呼び戻した福信派に統一されたことは、案外、好ましい状況だったのかもしれない。しかも、福信をリーダーとする復興軍が、唐・新羅の連合軍を相手に一歩も引かないどころか、相手を圧倒するほどの強さを見せていた。救援に駆けつけた甲斐もあるし、今後の展開にも明るい未来を予想できる材料であったであろう。

　ところが、内紛はそれだけで終わらなかった。今度は、豊璋が福信を殺害する事件が起きるのである。この事情も明らかではない。「百済本紀」には「時に福信、既《すで》に専権し、扶余豊と相猜《あいそね》み忌《い》むことを寖《ま》す」とあり、道琛亡き後、福信に権力が集中し、豊璋・福信間で疑心暗鬼が進んだように記す。『旧唐書』の劉仁軌伝には「俄《にわか》にして、余豊、福信を襲い殺す」と簡潔に記されているだけであるが、その前の箇所に「福信兇暴《きょうぼう》にして、残虐なること過甚《はなはだ》し、余豊猜惑《さいわく》し、外に合《あ》ひ内に離る」とある。福信が兇暴かつ残虐なので豊璋が恐れたかのように記されているが、これはあくまで福信を強敵とした唐側の表現である。豊璋が自分を迎え入れた福信に遠慮することはあっても、殺害するまでに猜疑する理由はなかったはずである。「外に合ひ内に離る」に注目すると、福信の頑強な軍勢に閉口していた唐軍が、道琛の死を契機に、豊璋に外部から甘言《かんげん》を弄《ろう》して心理的揺《ゆ》さぶりをかけ、それに惑わされた豊璋の失態だったとも推測される。

　豊璋の護衛軍は、この状況を本隊に伝えたであろうし、本隊から天智のいる筑紫の前線基地にも伝達されたはずである。その際に、この優勢な現況を確固たるものとするために、可能な限りの増援部隊の派遣を依頼したのではなかろうか。それが⑦天智二年八月十三日の「救将廬原君《いおはらのきみ》臣《おみ》、健児《ちからひと》万余を率て」という第二軍の派遣ではないかと考える。

　とすると、日本から百済復興のために派遣された救援軍の総勢は、二万七千人＋五千人＋一万人余の合計で、四万二千人余ということになる。この数字は、あくまで史料に現われた数字を信頼した上で、軍編成を合理的に考えた結果に過ぎず、史実としての数字ではないが、とりあえずの目安とはなるであろう。

白村江の戦

日本の派兵が百済復興軍の救援だけならば、道琛《ドチム》が死に、福信《ボクシン》が死んだ時点で撤退することも可能であった。日本から護送した豊璋が百済王となっているとはいえ、復興軍の英雄二人が内紛で死亡した以上、これ以上、義理で唐軍と戦う理由はなかった。しかし、日本軍は撤退せずに白村江の戦に突入する。この理由を改めて考える必要がある。

日本軍派兵が、『日本書紀』斉明六年（六六〇）十月条に書かれたように、「危《あやうき》を扶《たす》け絶《たえたる》を継《つ》ぐこと、恒典《こうてん》に著《あらわ》れたり」という信義の精神から出ているだけならば、福信が死亡した段階で日本軍の役割は終了している。なぜなら、日本に救援を求め、豊璋を王に迎えたいと依頼してきたのが、ほかならぬ福信だからである。依頼主が死亡した以上、その後についてまで日本が責任を負う必要はない。唐・新羅に参戦の理由について、長年の信義によるものであったことを伝え、即時撤兵することが最善の行動であった。もちろん、参戦の責任は追及され、なんらかの賠償は要求されるであろうが、最悪の事態である全面戦争は回避できた。

しかし、唐との対戦を必然とするこの百済復興軍への救援軍派兵は、将来的な唐の半島征服、日本への支配の波及をくい止めるためであった。

　それゆえ、道琛が死のうと、福信が殺害されようと、当初の目的が果たされていない以上、日本軍は撤兵するわけにはいかなかったのである。もっとも、唐の方としても、領土拡張政策の一環として、いまさら日本軍が弁明してきても、それを許さなかったであろう。

　しかし復興軍の将たる福信が日本から帰国したばかりの豊璋に殺害されたとなると、福信旗下《きか》の軍勢の動揺はいかばかりであったろうか。六六〇年の百済王家の滅亡以降、二年間、苦楽《くらく》を共にし、福信のもとで戦ってきた百済兵たちにとって、福信こそが大将軍であり、自分たちの「王」ともいえる存在だったはずである。

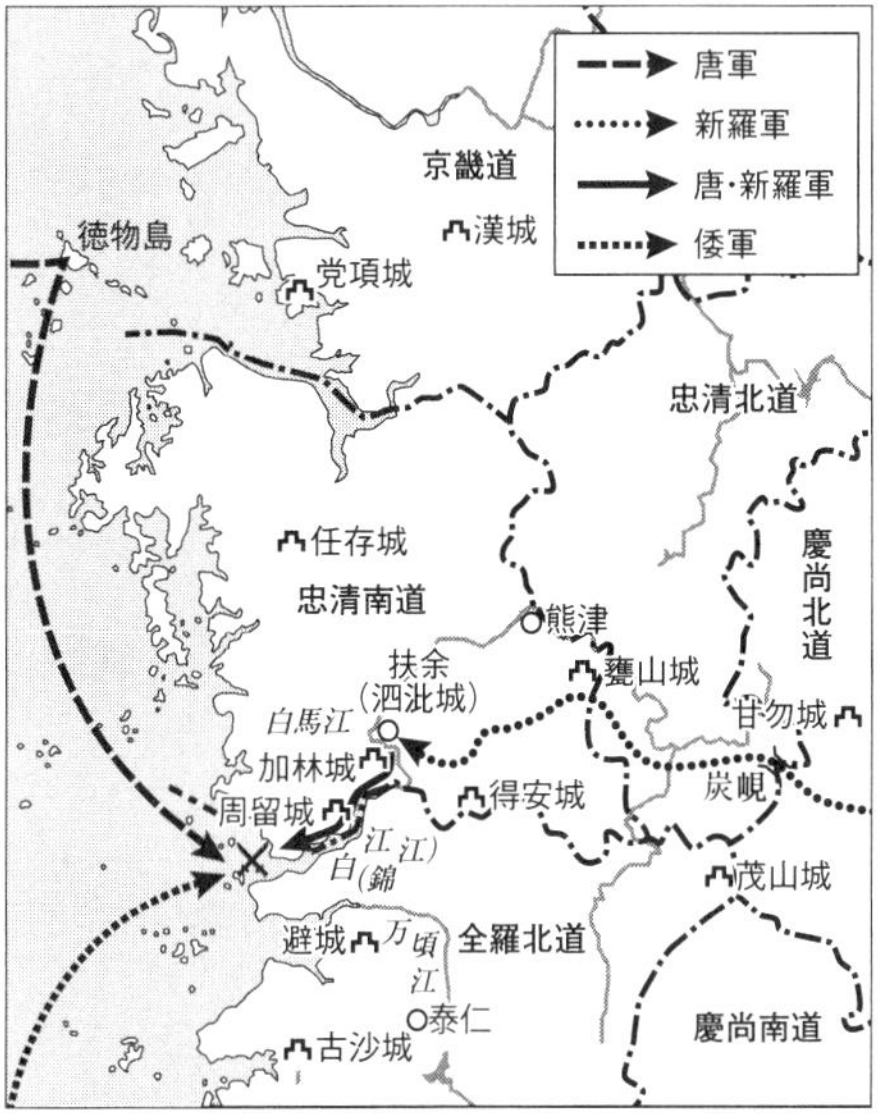

図1-4　白村江の戦②
出典:『新・歴史群像シリーズ⑱ 大唐帝国』(学習研究社)原図より作成

　その福信が日本兵をバックにした豊璋王に殺害されたとなると、百済復興を希求《ききゅう》しながらも、素直に豊璋王に従う気にはなれなかったはずである。大将軍・福信のもとで、日本に留住していた百済王家の王子を迎えて新たな王とし、唐・新羅軍を追い払った後に、百済国を復興させる。これが彼らの希望であった。ところが、このままだと、よしんば百済復興がなったとしても、それは日本軍を拠《よ》り所にした「百済王」の国でしかない。それは自分たちが望むものと違うのではないか。そのような気分が蔓延《まんえん》したであろう。

その結果、豊璋は、「使《つかい》を遣《つかわ》して高麗と倭《わ》国に往《ゆ》き兵を請《こ》はしむ」(『旧唐書』劉仁軌伝)という行動をとらざるを得なくなる。福信を殺害した豊璋が、高句麗と日本に援兵を依頼する使者を派遣したのは、まさに百済復興軍が解体寸前であったからであろう。今や日本軍は救援軍ではなく、主力軍となってしまったのである。しかし、日本軍三万二千では兵力は不足している。六六〇年に百済王家が滅亡させられた時、左衛大将軍蘇定方が率いてきた唐軍は十三万。新羅からは金庾信《キムユシン》が精鋭五万を率いてきた。今回も最低限、同様の軍勢がやってくることは予想できる。豊璋護衛軍は、急ぎ日本に増援部隊を要請したのであろう。

それが廬原君臣率いる一万余の軍勢であろう。豊璋護衛軍は、もっと多くの増援部隊を期待していたであろうが、おそらく当時の日本としては、それがせいいっぱいの増援であったのであろう。白村江の戦の主力部隊を森公章氏は『「白村江」以後』の中で、この廬原君臣率いる一万余の軍勢と考えている。

つづく六六三年八月には、次節で詳述する白村江の戦の主力となる第三次派遣軍が渡海している。その兵力は万余とあり、第二次派遣軍よりは少ないが、第一次派遣軍の数千人規模を越える、万人単位の派兵であった。この第三次派遣軍は直接百済に向かったようであり、白村江で唐軍と戦っていることから見ても、当初から旧百済領に駐留する唐軍、あるいは唐本国から新たに派遣されてきた軍隊との対決を目的とした出兵と考えることができる。（一四一頁）

さらに、森氏は⑥天智二年（六六三）三月の二万七千人は白村江の戦に参加していないと考えている。その根拠は『日本書紀』に、この軍勢が「新羅を打つ」と記述されていることにあるとする。書紀の記述をどこまで信頼するかは難しい問題であるが、書記編纂時の亡命百済知識人たちによる本文の修飾の可能性も考えなければならない。書紀編纂に携わった亡命百済知識人たちには、新羅憎しの思いがあったはずである。その思いが書紀の記載に表れたとするならば、「新羅を打つ」という表現が事実とは無関

図1-5　韓国の吉祥祠に掲げられた金庾信像（忠道北道鎮川郡鎮川邑碧岩里）

係に出て来る可能性もある。百済にとって唐軍が来るまでの敵は、まさに新羅だけであったのだから。

また、『日本書紀』の白村江の戦を記述した本文中に「日本の伍《つら》乱れたる中軍《なかのいくさ》の卒《ひとども》を率《い》て、進みて大唐の堅陣之軍《つらかたむるいくさ》を打つ」という箇所があるが、この「中軍」について、森氏は⑥の前・中・後の三軍編成の中軍と捉える考えを否定している。

> 白村江の戦の際、倭の軍隊が三軍編成をとっていたために「中軍」という表現が登場するとしても、それがNの前・中・後軍の中軍と同じである証拠は見いだしがたいのではないだろうか。（前掲書、一四六頁）

と述べる。Nというのは本書でいうところの⑥の天智二年（六六三）三月の記事である。たしかに森氏の指摘のように白村江の戦の日本軍が前・中・後の三軍編成を取っていたとしても、それが⑥天智二年三月の二万七千人の中軍と同一とは断言できない。しかし、『日本書紀』の他のどこにも⑥の時点以外に三軍編成を記述した箇所がないことも事実である。白村江の戦の日本軍の編成をなにも記さずに、まったく別の「中軍」を登場させる方が史書として不自然ではなかろうか。

そして、もし⑥の二万七千人の軍が白村江の戦に参加していなかったとしたならば、彼らはいったいどこで何をしていたのであろうか。森氏も「白村江の戦の時に第二次派遣軍はどこにいたのだろうか」「倭の行動には不可解な部分が多いといわざるをえない」（前掲書、一四六頁）と自問している。豊璋の護衛に五千の兵が身辺にいたとしても、後からの増援軍一万余だけで唐の水軍と戦うほど愚かな将軍はいないであろう。当然、福信が豊璋に殺害され、日本軍が前面に出なければならない状況がうまれた時点で、二万七千人の軍勢も豊璋のもとに参集していたと考えられる。

戦いの行方

『日本書紀』天智二年（六六三）八月条から白村江の戦の様子を窺《うかが》おう。

戊戌《ぼじゅつ》（十七日）に、賊将《あたのいくさのきみ》、州柔《つぬ》に至《いた》り、其《そ》の王城を繞《かく》む。大唐《もろこし》の軍将《いくさのきみ》、戦船《いくさぶね》一百七十艘《そう》を率《い》て、白村江《はくすきのえ》に陣烈《つらな》れり。

戊申《ぼしん》（二十七日）に、日本《やまと》の船師《ふないくさ》の初《ま》づ至《いた》れる者と大唐の船師と合戦《あいたたか》ふ。日本、不利《ま》けて退く。大唐、陣《つら》を堅めて守る。

己酉《きゆう》（二十八日）に、日本の諸将《もろもろのいくさのきみ》と百済王と気象《けのかたち》を観《み》ずして、相謂《あいかた》りて曰《いわ》く、「我等先《さき》を争《あらそ》はば、彼自《おの》づからに退《しりぞ》くべし」といふ。更《さら》に日本の伍《つら》乱れたる中軍の卒《ひとども》を率て、進みて大唐の堅陣之軍《つらかたむるいくさ》を打つ。大唐、便《すなわ》ち左右より船を夾《はさ》みて繞《かく》み戦ふ。須臾之際《ときのま》に、官軍敗績《みいくさやぶ》れぬ。水《みず》に赴きて溺死者衆《おぼれしぬものおお》し。艫舳廻旋《へともめぐら》すこと得ず。朴市田来津《えちのたくつ》、仰天《あめをあお》ぎて誓ひ、切《はをくいしば》り歯《》りて嗔《いか》り、数十人を殺し、焉《ここ》に戦死《たたかいう》せぬ。是の時に百済王豊璋、数人と船に乗り、高麗《こま》に逃げ去る。

これによると、八月十七日に唐の軍船が百七十艘、ずらりと白村江に連なっていた。とうぜん、その様子は陸からも海からも見ることができたはずである。この記述が正しければ、唐軍と日本軍の軍船が偶然に出くわして戦闘に入ったという状況ではないことがわかる。私は前著で劉仁軌伝の「遇」の字に影響され、「劉仁軌軍は、たまたま白村江の入江において、日本軍と遭遇してしまった」（『白村江の真実　新羅王・金春秋の策略』二一六頁）と書いてしまったが、訂正したほうがいいかもしれない。

過日、筆者はかつての白村江である錦江の河口を訪れた。近くに小高い丘があり、そこから河口部は一望できた。川幅は広いといえど、ここに日本と唐の軍船がひしめき合えば、立錐《りっすい》の余地もないほどであったと思われる。日本の軍船は陸地からも矢を射かけられ、岸に泳ぎついても槍を突き立てられるか、捕縛されたものと推定された。

次に同二十七日の記事の「初《ま》づ至《いた》れる」日本軍の船が、唐の軍船と戦ったという記事に注目したい。これは、すでに白村江に陣を敷いている唐の軍船に対して、最初に白村江に到着した日本軍船の一団が前哨戦《ぜんしょうせん》を仕掛けたということであろうか。もし、そうであるならば、日本軍は作

写真1-4　白村江（錦江）河口遠景

戦もなく、いきなり相手の軍船を攻撃して負けたということになる。

だが、翌日、いちおうの作戦会議を行っているところをみると、二十七日の前哨戦は抜け駆けの一戦か敵情視察の一戦にすぎなかったようである。ここでも重要なのは、「日本の諸将《もろもろのいくさのきみ》と百済王と気象《けのかたち》を観《み》ずして」という箇所である。ここには百済復興軍の諸将が参加していない。「百済本紀」の記述も、劉仁軌軍が「倭人に白江口にて遇《あ》ひ、四《よた》び戦ひ皆克《か》つ」とあり、唐軍が戦ったのが日本軍だけであることが確認できる。『旧唐書』劉仁軌伝でも「仁軌、倭兵に白江の口にて遇ひ」とあり、唐水軍が戦った相手は日本軍だけである。ここには百済復興軍の参戦が見られないのである。

このことからも、余豊璋が鬼室福信を殺害

した時点から、百済復興戦争というよりは、日本軍による唐軍の抑止戦争の様相を呈し始めていたことが明らかとなる。もちろん、他の城においては、まだ復興軍が孤軍奮闘していたかもしれないが、百済王豊璋のまわりからは主要な百済人兵士はいなくなっていたということである。

この様子を「新羅本紀」でみると、

詔して右威衛将軍孫仁師《そんじんし》を遣わし兵四十万を率《い》て徳物島《トクモルド》に至り、熊津府城《ウンジン》に就《つ》かしむ。王、金庾信《キムユシン》等二十八（一に云く三十）将軍を領《ひきい》て、之と合し、豆陵《トウルン》（一に良に作る）尹城《ユン》・周《ズ》留城《リユ》等の諸城を攻め、皆之《これ》を下《くだ》す。扶余豊、身を脱し走る。

とあり、孫仁師軍四十万と新羅軍二十八将軍が戦闘に加わっている。この数字が実数ではなく割増されていたとしても、相当な大軍であったことは間違いない。とても森氏の言うような日本軍一万余では相手にならない。日本軍が豊璋王《プンジャンワン》を押し立てて、唐・新羅軍とあくまで戦い抜くと決めた時点で、日本軍は総力戦で挑んだはずである。実数は不明なものの、四万二千人の軍をすべて白村江の戦に投入したと考えるのが順当であろう。

しかし、多勢に無勢である。十分の一の戦力では勝ちようがない。わずか二日間の戦で日本軍は全滅した。

そのあとについては、「新羅本紀」第六によると、同年十月二十一日に新羅軍が任存城《イムチョン》（忠清

写真1-5　白村江の現況風景

南道礼山郡大興面）に拠る百済復興軍を攻めるも落とせず、翌年三月に復興軍の残党が泗沘《サビ》山《サン》城（忠清南道扶余郡扶余邑）に立て籠もって抵抗したが、熊津都督府《ととくふ》（忠清南道公州郡公州邑）が出兵してこれを撃破して、旧百済軍の抵抗は終了した。

白村江のあたりは現在、埋め立てられ、景観がすっかり変わってしまっている（写真1－5）。

日本兵は、各地から掻《か》き集められ、玄界《げんかい》灘《なだ》を船で渡って百済復興軍の救援に来た。もちろんそれは、日本のためでもあった。日本兵の中には、初めて朝鮮半島の土を踏んだものも多くいたであろう。海戦そのものも初めての経験であったかもしれない。自分たちが、なんのためにこんな遠い異国にまで来て、唐の水軍と戦わねばならないのか。そうした疑問を抱いていた者も少なくなかったかもしれない。

彼ら日本兵は四十万の唐軍を目の前にしたとき、なにを思ったであろうか。

「無謀な戦争だった」と考える間もなく、まさに「須臾《しゆゆ》の間」に彼らは海の藻屑《もくず》となって消えていったのである。そのことを思うとき、過去の出来事とはいえ、戦争をたんなる歴史の一齣《ひとこま》として見過ごすことはできない。

第二章

白村江の敗戦処理

百済からの引上げ

白村江の戦で何人の日本人が戦没したか、正確なところはわからない。『旧唐書』劉仁軌伝に「海水皆赤《あか》らみ、賊衆《ぞくのひとども》大いに潰《つい》ゆ」と表現されているのが事実に近ければ、ほぼ全滅で、わずかな生存者が見いだせる程度だったのではなかろうか。

『日本書紀』天智二年（六六三）九月甲戌（二十四日）条に、

甲戌《こうじゅつ》（二十四日）に、日本《やまと》の船師《ふないくさ》と佐平《さへい》余自信《よじしん》・達率《だちそち》木素貴子《もくそきし》・谷那晋首《こくなしんす》・憶礼福留《おくらいふくる》、并《あわ》せて国民等《くにのたみども》、弖礼《テレ》城に至る。明日《くるつひ》に、発船《ふなだち》して始めて日本に向《むか》ふ。

とあるのが、半島からの引上船の記事とみることができる。

この記事によると、引上船は日本船である。佐平余自信・達率木素貴子・谷那晋首・憶礼福留はその官職・名前からして百済人であることが明白である。次に「国民《くにのたみ》」とあるのはどこの国の民であろうか。岩波書店の『日本書紀（下）』（日本古典文学大系68、以後、本書を岩波版と称する）の頭注は、「四年二月条に四百余人、五年是冬条に二千余人、八年是歳条に七百余人などと見え、続紀・姓氏録などにもその子孫が見える。なおこの時の日本軍捕虜の帰国は天武十三年十二月、持統四年十月・十年四月、続紀、慶雲四年五月の各条に見える」（二六〇頁）とあり、小学館版『日本書紀③』の頭注もほぼ同文である。百済人とも日本人とも明確には記していないが、状況的には、この部分の「国民」は旧百済国民と考えているようである。

もしこの記事の「国民」が旧百済国民であるとすると、旧百済の貴族と旧百済国民が日本の「船師」で日本に引上げてきたことになる。原文の「佐平余自信・達率木素貴子・谷那晋首・憶礼福留并国民等」という表記も、そのようにしか解釈できない。しかし、それも不自然である。そこで原文をよく見ると、「日本船師及佐平余自信」となっており、「日本船師」と「佐平余自信」以下が「及」で結ばれて並列表記されている。つまり、わずかながらも日本の敗残兵たちは百済復興軍幹部数名と旧百済難民ともに日本に帰りつくことができたようである。彼らが向かった先は「日本《やまと》」と漠然としか記されていないが、状況を考えると、出発地の那津《なのつ》としか考えられない。那津宮では天智たち日本首脳陣が、引上げて来る彼らを待ち受けていたであろう。

そして彼らから敗戦の状況を詳しく聞くことができたはずである。

彼らが船出した天智二年九月の段階では、まだ旧百済各地で復興軍の諸隊が活発に抵抗を試みている時期であるから、その戦闘の網の目を潜っての日本への脱出だったのかもしれない。

しかし、引上者の中には日本の十人の将軍の名前は上がっていない。その後の『日本書紀』の記録を見ると、前将軍間人連大蓋《はしひとのむらじおおふた》と守君大石《もりのきみおおいわ》の二人だけが史料に登場するのを見いだせる。とすると、他の八将軍たちは白村江の戦かそれ以外の戦闘のうちに戦没している可能性を考えなければならない。帰国船の指導者に日本人の名前がなく、ただ「日本の船師」とのみ記されているることからも、名前のある将軍・兵が日本側に生き残っていなかったことが推察される。もし、将軍の内の誰かが生き残っていれば、彼が帰国船を率いたであろうし、帰国後の日本でなんらかの記録を残したはずである。

そうした記録が見いだせないということは、日本軍はほとんど壊滅的な状況にあったということになる。天智たち筑紫《つくし》那津宮の首脳部が見たのは、満身創痍《まんしんそうい》の日本兵と、おびえた表情を隠そうともしない百済人たちだったであろう。勝敗は聞くまでもなく、まともに戦況を話してくれる人物を探し出すのが精いっぱいだったと思われる。

このことが意味するところは実は想像以上に大きい。もはや日本側には、外国軍と戦えるだけの軍・兵がないということを意味するからである。

森公章氏は「白村江の敗戦後、倭国には唐・新羅軍侵攻の脅威があり、防衛体制の整備が急務であった」（「朝鮮三国の動乱と倭国」）と述べるが、武力を持たない敗戦国がしなければならないことは「防衛」ではなく「外交」である。いかに戦後処理を自国に有利に導くかが国の指導者たちに求められることである。

従来から言われているような朝鮮式山城《やまじろ》を築いて、唐軍に対する防衛を企図《きと》したという説は成り立たないであろう。肝心の兵力がない状況で防衛施設を築くことは防衛的に意味がない。逆に防衛施設を築くことはこれからも戦闘を続ける意思の表れであり、いたずらに唐・新羅軍を刺激するだけである。鐘江宏之氏は「大陸からの追撃を恐れた倭《わ》は、筑紫《つくし》に大宰府《だざいふ》を築いてここを拠点に防衛線を張る」（『全集　日本の歴史　第3巻　律令国家と万葉びと』七七頁）と述べるが、防衛線とは戦闘中の軍が張るものである。なぜ唐や新羅が、大宰府が築城されるまで戦闘を待ってくれるのであろうか。日本が捨て身で本土決戦を試み、日本を焦土と化す気でいるならば別であるが、その後の日本の展開を見てもそうした無謀な抗戦論は見いだせない。追撃を恐れるならば、可能な限り早く降伏の意思を相手に伝え、ひたすら恭順するのが普通であろう。

日本が全軍をあげての戦いで敗戦した以上、「防衛線」論は成り立たない。このことを前提にしなければ、白村江敗戦後の日本を正しく理解することはできないであろう。

冠位二十六階制

『日本書紀』はこの引上げ記事に続いて、天智三年（六六四）二月九日の二十六階の冠位の制定記事を載せる。

三年の春二月の己卯《きぼう》の朔《つきたち》にして丁亥《ていがい》に、天皇、大皇弟に命《みことのり》して、冠位《かんい》の階名《かいめい》を増《ま》し換《か》ふること、及氏上《またうじのかみ》・民部《かきべ》・家部《やかべ》等の事を宣《のたま》ふ。其《そ》の冠《かがふり》は二十六階有《あ》り。

引上げ記事との時間差は約五か月である。この間に記すべきことが何もなかったとは思えない。天智たち政府首脳陣は、引上船で戻った人たちからの情報をもとに、早急《さっきゅう》に今後の政策を検討しなければならなかったはずである。

当然、天智をはじめとする首脳陣は九州の那津《なのつ》にいて、対応策を推進しなければならなかった。『日本書紀』の記述では、すでに天智たちが大和《やまと》に戻っているかのような印象を受けるが、現実的に考えてそれはありえない。那津宮に首脳部が置かれていた以上、そこで敗戦処理もし、これから来日するであろう唐使・新羅使との対応もしなければならない。それに天智たちが大和国に戻ってしまうと、唐軍の使者が軍を引き連れて来日した場合、唐軍を日本の内側にまで引き入れてしまうことになる。できれば、天智たちは、筑紫の博多湾で唐軍を押しとどめておきたかったはずである。

倉本一宏氏は、天智三年段階はまだ「倭国の人々にとっては「戦後」だったのではなく、いつ果てるともしれない「戦中」だった」(『戦争の日本史2　壬申の乱』一〇頁)としたうえで、「この「非常時」に対処するため、中大兄《なかのおおえ》皇子とそのスタッフは、矢継ぎ早に戦時体制を固めた。天智三年(六六四)二月には、いわゆる「甲子《かっし》の宣」を出し、冠位《かんい》制の改革と氏族統制を行なった」(前掲書、一〇頁)とする。

しかし、戦時体制は、斉明七年(六六一)七月の斉明の死後すぐに、中大兄が長津宮に遷《うつ》り、水表《おちかた》の軍政を執りはじめた時にすでに始まっていると考えるべきで、敗戦後に戦時体制を固めるというのは理に合わない。それに、冠位を二十六階にすることに、どのような戦時体制としての意味があるのかも不明である。政府首脳陣の顔ぶれを変えて、戦後の外交に役立つスタッフを揃《そろ》えるための人事刷新《さっしん》ならば意味が分かるが、冠位制度を変えることにどのような利点があるのかの説明が必要であろう。

二十六階制については、市大樹《いちひろき》氏も最近の研究で、「大化五年（六四九）の冠位十九階の七階以下を細分したもので、中下級官人の増加に対応する措置と考えられる」（『大化改新と改革の実像』）と述べるが、どのように理解すればよいのかわからない。天智朝が始まって以来、唐・新羅との対外戦争以外に重要な事項は見いだせず、どのような事情で中下級官人が増加したのであろうか。むしろ、主要な軍事氏族は白村江の戦で多くが死亡し、人員不足の状態だったはずである。また、近江令《おうみりょう》の制定もまだであるから、「官人」という表現も微妙である。

また、佐藤長門氏は、冠位二十六階制について、「それまで群臣層の冠位であった花冠四階を錦冠六階に増加することで彼らの昇進を便ならしめ、よって不平を緩和しようとする意図から改訂されたものであった」（『日本古代王権の構造と展開』一九四頁）と説明する。そして紫冠以上が事実上空位であることを指摘して、「おそらく天智は、花冠四階を錦冠六階に増やすことで群臣層の甘心を買う一方、紫冠以上を空位化することで彼らの発言力を抑制し、あくまで大王中心の王権秩序を構築しようとした」（前掲書、一九六頁）のではないかと推測する。

これも敗戦処理を目の前にした天智の政策として考えにくい説である。大敗を喫したことを他人事のように無視できる状況ではない。今にも唐軍から敗戦国日本に対してなんらかの要求が突きつけられるという不安を抱えた状況である。唐の要求が最悪の場合は、日本の完全服属となる。少なくとも戦争責任を追及されて大王家は廃されるかもしれない。百済の場合のように、大王家の主要な人々は長安へ連れて行かれる可能性もある。どのような結果になるか、天智たちは戦戦兢兢としていたであろう。

そのような非常時に、豪族の甘心を買おうとしたり、王権の秩序を構築しようという政策を展開するとは思えない。こうした説が続々と出てくるのも、これまでの古代史研究において、「敗戦」ということを正面から捉えようとしてこなかったためではなかろうか。敗戦したにもかかわらず、唐軍に対抗して防衛体制をしいたと考えたり、唐が日本に対して友好的に接してきたなどという日本に都合のよい解釈を正論としてきたところに大きな陥穽《かんせい》があったように思われてならない。

よしんば、畿内豪族で白村江の戦にまったく無関係な豪族がいたとして、斉明・天智が大和から離れ、大王不在の状況が続いていることになんの不安も感じず、自分たちの「不満」を言い立てる豪族がいたとしても、それはごく少数派であって、社会的判断能力がある他の豪族たちから相手にされなかったのではなかろうか。

たとえ、自分の家族でなくとも、異国の地で帰らぬ人となった父・夫・息子を持つ人々の気持ちは伝わるものである。約四万世帯がそのような悲しみにあったことを歴史家はもっと感じるべきではなかろうか。
他方、二十六階の冠位制定が那津宮で行われたと考えることは難しい。なぜなら、冠位にしても氏上の認定、民部・家部の制定にしても、これらは主として畿内の豪族に関する政策である。それを畿内豪族の意見も聞かずに那津宮で行うことはできないであろう。まして制定発布を聞かせる相手が那津宮にはいない。
とすると、これは大和に帰ってからの出来事ということになる。つまり、これらの一連の政策が実際に行われたとするならば、それは天智三年ではなく、もっと後の出来事と考える方が妥当であろう。

郭務悰の来日

さて、さきの二十六階制度の記事の少し後に、郭務悰《かくむそう》という人物の来日記事がある。

夏五月の戊申《ぼしん》の朔《つきたち》にして甲子《こうし》（十七日）に、百済鎮将《くだらちんしょう》劉仁願《りゅうじんがん》、朝散大夫《ちょうさんたいふ》郭務悰《かくむそう》等を遣《まだ》して、表函《ふみはこ》と献物《みつき》とを進《たてまつ》る。

冬十月の乙亥《いつがい》の朔（一日）に、郭務悰等を発遣《たてつかわ》す勅《みことのり》を宣《の》りたまふ。是《こ》の日に、中臣内《なかとみのうちの》臣《おみ》、沙門《しやもん》智祥《ちしよう》を遣して、物《もの》を郭務悰に賜《たま》ふ。
戊寅《ぼいん》（四日）に、郭務悰等に饗賜《あえたま》ふ。
十二月の甲戌《こうじゆつ》の朔にして乙酉《いつゆう》（十二日）に、郭務悰等、罷《まか》り帰《かえ》りぬ。

『日本書紀』によると、朝散大夫《ちようさんたいふ》郭務悰は、百済鎮将《くだらちんしよう》劉仁願の命《めい》により、天智三年（六六四）五月十七日に来日し、同年十二月十二日に帰国している。約七か月の滞日であった。

別の視点から見ると、白村江の戦のあった天智二年八月二十八日から八か月半後にようやく戦勝国の唐からの使者が来たということになる。なぜ、唐はすぐに日本に来て、戦勝国としての要求をしなかったのであろうか。この間、旧百済領に駐屯していた唐軍は何をしていたのであろうか。

「新羅本紀」によると、文武王三年（六六三）十月二十一日から新羅軍が任存城《イムソン》に拠る遅受信《チスシン》を攻撃したことがみえる。しかし、この攻撃は失敗に終わっている。翌文武四年二月には、劉仁願のもとで新羅王の弟の金仁問《キムインムン》と新羅の将軍で伊飡《イチャン》の天存《チョンゾン》が百済のもと王子の扶余隆《プヨユン》と熊津《ウンジン》で会盟している。さらに同年三月には泗沘城《サビ》に拠った百済の残党をついに熊津都督府の唐軍が撃破して、百済復興軍を終息させたのである。

熊津都督府の代表的存在であった劉仁願は秋七月には高句麗の突沙城《トルサ》を攻め滅ぼしているから、

百済にはおらず、連日、対高句麗戦の軍事に追われていたといえよう。唐の本来の目的は高句麗の征討であった。それゆえ、高宗の意識はつねに高句麗にあり、百済の滅亡や日本軍との戦闘は、ある意味、途中経過にすぎなかったのである。だが勝利した以上は、羈縻《きび》政策を展開し、周辺諸国を支配下にいれるのは必然であった。

ここにいう羈縻政策とは、周辺諸国を間接的に統御する方策である。在地の首長に唐の官職名を与えて、その国の自治を認める代わりに、国内に都護府《とごふ》を設置し、軍事的支配下におくというものである。中国史の栗原益男氏の言葉を借りると（「七、八世紀の東アジア世界」）、

君臣的秩序の具体化として領域化（内地化）・羈縻・冊封の諸関係があり、求心的関係としては朝貢を考えることができる。領域化とは内地州県である正州県が設置されて中国王朝の官人が統治官としてのぞみ、そこの住民は正州県民なみに中国王朝の国法下におかれることであり、羈縻とは正州県にたいし羈縻府（都督府）州県が設定され、その地域の異民族首長や有力者が中国王朝によって統治長官に任ぜられて、官制的には中国王朝の地方官制に包摂されるが、異民族の社会はそのままに認めて統御するものであり、冊封は異民族・国家の首長に官爵を授与して中国王朝の官爵制に包摂することである。したがって中国王朝的支配秩序への組み込みは領域化がもっともつよく、冊封が弱く、羈縻はその中間に位置し、それらの外側に朝貢が存在したのである。

写真2-1　韓国・扶余博物館にある劉仁願紀功碑

ということになる。

郭務悰は、まさにこの羈縻政策を実行に移すために日本に派遣された使者と考えることができる。

郭務悰については、岩波版『日本書紀（下）』の頭注が、「海外史料には見えない。百済に派遣されていた唐の官人か。四年九月・八年是歳・十年十一月の各条と海外国記に、唐の使人として来日」（三六一頁）と解説している。

池内宏は『満鮮史研究　上世　第二冊』で、

> 百済の鎮将劉仁願の使者として来朝した郭務悰は、書紀の翌年の記事の註（後に引く）に、「百済将軍朝〔散〕大夫〔上〕柱国郭務悰」とあるもので、唐官を帯びてゐた熊津都督府の百済人である。（一九六頁）

とするが、ここには誤りがある。池内の言う翌年の『日本書紀』の記事には、「右戎衛郎将上柱国百済禰軍朝散大夫上柱国郭務悰」とあり、郭務悰の官職は「朝散大夫上柱国」である。「百済将軍」は「百済禰軍《ねぐん》（祢軍）」の誤りで、これは近年墓誌が発見された百済の官人である。葛継勇氏の「東アジア情勢における祢軍の活動と官歴」によれば、

祢軍は唐に投降した顕慶五年（六六〇）八月まで百済佐平に在任し、投降後、右武衛滻川府折衝都尉に任じられた後、百済故地に戻った。麟徳元年（六六四）二月以降、左戎衛郎将を授けられた。その後、新羅との熊津就利山盟会が行われる前、扶餘隆が熊津都督に任じられる時に、熊津都督府司馬を兼任させられた。右領軍衛中郎将兼検校熊津都督府司馬は、文武王十二年（六七二）九月、新羅から唐に送られた後に任じられ、また、同年十一月、すなわち弟の祢寔進の埋葬日に、右威衛将軍に昇進したと考えられる。

とあり、もとは百済人であるが、降伏後は唐に従い、唐の官人として活動した人物だという。また、葛氏は、『日本書紀』に「右戎衛郎将」とあるのは「左戎衛郎将」の誤りである可能性を指摘している。

百済人で唐に降伏した後、唐の官人となって働いた人物は禰軍以外にも多くいたと考えられる。百済王子扶余隆も唐の旧百済領統治のために百済に戻り、熊津都督となって働いている。そうした状況を考えると、先ほどは池内説を否定したが、郭務悰もそうした百済人の一人である可能性

も捨て去ることはできないであろう。

「海外国記」の記事

さて、天智三年の記事が載る『善隣国宝記《ぜんりんこくほうき》』所引の「海外国記《かいがいこっき》」の記事を見ることにしよう。

『海外国記』に曰く、天智天皇三年四月、大唐の客来朝す。大使朝散大夫上柱国郭務悰等卅人・百済の佐平禰軍等百余人、対馬島に到る。大山中采女《うねめ》通信侶・僧智弁等を遣わして来らしめ、客を別館《べっかん》に喚《よ》ぶ。是において、智弁問いて曰く、表書ならびに献物《けんもつ》有りや、以てするやいなや、と。使人、答えて曰く、将軍の牒書一函ならびに献物有り、と。乃ち牒書一函を智弁等に授けて奏上す。但し献物は検看《けんかん》して将《おこな》わざるなり。九月、大山中津守連吉祥・大乙中伊岐史博徳・僧智弁等、筑紫大宰の辞と称し、〈実は是れ勅旨なり。〉客等に告ぐ。今客等の来状を見れば、是れは天子の使人に非ず。百済鎮将の私の使いなり。亦復《またもたら》す所の文牒は、執事に送上するの私辞なり。是《ここ》を以て使人は国に入ることを得ず。書も亦朝廷に上《たてまつ》らず。故に客等の自事は、略《ほぼ》言辞を以て奏上するのみ。十二月、博徳、客等に牒書一函を授く。函の上に鎮西将軍と著す。日本鎮西筑紫大将軍、百済国に在る大唐行軍総管に牒す。使人朝散大夫郭務悰等至る。来牒を披覧し、意趣を尋ね省《み》るに、既に天子の使に非ず。又天子の書無し。唯是れ総管の使、乃ち執事の牒たり。牒は是れ私意なれば、唯すべからく口奏すべし。人は公使に非ざれば、入京せしめず、と云々。

内容としては、以下の通りである。まず四月に唐の使者として郭務悰や禰軍が対馬《つしま》を経て来日する。それに対して、九月に采女通信侶・僧智弁たちが応接使として派遣される。郭務悰たちは牒書《ちょうしょ》一函と献物を差出し、僧智弁に預ける。ところが、智弁たちは郭務悰たちを唐皇帝の使者ではなく、熊津都督府の将軍の私的な使いだとして、郭務悰たちの入京を許可せず、牒書も奏上しなかった。さらに十二月になってから、伊吉史博徳《いきのふひとはかとこ》が郭務悰に大唐行軍総管宛の鎮西筑紫大将軍の牒書をもたらし、そちらが皇帝の使者ではないので、こちらからも大王の返書はないし、入京の許可はできない旨を伝えた、というものである。

ところで「海外国記」は『本朝書籍目録《ほんちょうしょじゃくもくろく》』（十三世紀末成立）に「海外国記　四十巻　天平五年春文撰」と見えるものであるが、現在は散逸している。わずかに『善隣国宝記』や『釈日《しゃくに》本紀《ほんぎ》』に逸文が見えるのみである。この該当箇所の逸文は、室町時代の臨済宗の僧である瑞渓《ずいけい》周鳳《しゅうほう》が文明二年（一四七〇）に撰した『善隣国宝記』に残されている。

「海外国記」については鈴木靖民《やすたみ》氏の詳細な研究「百済救援の役後の日唐交渉」があるので、それをもとに信憑性を検討することにしたい。まず、鈴木氏は、「海外国記」には三つの問題点があるとする。

第一は「鎮西将軍あるいは日本鎮西筑紫大将軍などという「鎮西」の称」が使われていることである。この鎮西という呼称の初見は『続日本紀《しょくにほんぎ》』天平十五年十二月辛卯（二十六日）条で、基本的に天平頃の用語と考えられること。第二に、「盛んに牒の文書形式を示唆している」点である。牒は公式令《くしきりょう》が定める文書形式で、これも後世の用語を借用していると考えられる。第三は、郭務悰を「執事」と呼んでいる点である。『日本書紀』で「執事」が登場するのは欽明紀に限定され、『続日本紀』でも「新羅執事」などの用例が見えるだけである。それゆえ執事は、「朝鮮からの使節＝官人を指す特定の語として用いられており、それも『書紀』編纂期以後の語の可能性」があるという。

こうした鈴木氏の指摘を勘案《かんあん》すると、「海外国記」は史料的に後世の潤色《じゅんしょく》がかなり施されたものと評価せざるを得ない。ところが、鈴木氏自身は、次のように締めくくっている。

私はこの文のすべてが後人の追記・造作であるとはいえず、使を大宰府において放還させた事情の大筋については、たとい天智朝頃の記録をもとにして、あとで粉飾が加えられたとしても、史実に近いものを伝えているものであろうと考える。

とするのである。この鈴木氏の見解は、「海外国記」を丁寧に検討し、問題点を指摘し、粉飾が加えられた可能性まで述べたうえのものであるが、最終的には「史実に近いものを伝えている」

と推断されており、なんとも奇異な印象を受ける。むしろ、唐の使者を筑紫で追い返すという行為は、敗戦した日本を唐の上位に置いた考え方である。「海外国記」にもオリジナルな史料としての部分はあるであろうが、日本の立場を考慮したこの部分こそは、注意を要する箇所というべきであろう。文化や思想などこそが、後世の影響を反映しやすいものである。

鈴木氏は、天智三年の唐使来日について、「この使が百済の役後の国交断絶の状態から転じて、唐百済鎮将の軍政を主軸とした占領政策完遂のためにまず和親を求めるものであったというものに疑いない」と主張する。この鈴木氏の考え方は今日においても受け継がれている。熊谷公男氏は『日本の歴史　第3巻　大王から天皇へ』において、

熊津での会盟の直後、劉仁願は倭国に百済人の郭務悰《かくむそう》らを派遣してきて修好をはかった。倭国はかれらを筑紫で丁重にもてなしたが、警戒心を解かず、郭務悰らは百済鎮将の私使であって「天子の使人」ではないという理由で文書を受け取らず、入京も許さなかった。（三〇九頁）

と述べる。こちらも唐に対して上から目線の歴史観で叙述されている。

そもそもが、戦勝国が敗戦国に領土や賠償金などを要求することはあっても、低姿勢で「和親」や「修好」を求めるということはありえない。一方的な要求があるのみである。松田好弘氏

が、東アジア動乱の中で「日本のみがひとり超然と「戦後処理」を始めていたというのは考え難いことではないだろうか。直接的な武力行使としての戦争のみを切り離してしまえば、政治史は成立しない」（「天智朝の外交について――壬申の乱との関連をめぐって」）と述べるのは重要な指摘である。白村江の敗戦を現実と切り離して、日本国内の政治のみを論じることはあまりにも非現実的であろう。

熊津都督府

郭務悰を派遣したのが誰かは明確ではないが、百済に駐屯する唐の将軍であることはほぼ間違いないであろう。唐は六六〇年（顕慶五）に百済を滅亡させた際に、百済に五都督府をおいて羈《き》縻《び》政策を展開している。『旧唐書』巻一九九上・列伝一四九上・東夷伝・百済国条によると、「右衛郎将王文度《おうぶんど》に命じて熊津都督たらしめ、総兵を以て之を鎮《しずめ》せしむ」とあるから、初代熊津都督は王文度であったことがわかる。さらに続いて「帯方州刺史劉仁軌《たいほうしゅうししりゅうじんき》、文度に代わりて衆を統《す》ぶ」とあることから、卒《しゅつ》した王文度に代わって劉仁軌が二代目の熊津都督の役割を担ったようである。「百済本紀」にも、「文度、済海《さいかい》に卒《しゅつ》す。劉仁軌を以て之に代《か》ふ」とあり、劉仁軌が王文度に代わって熊津都督府の統括者になったと記している。

しかし、『旧唐書』龍朔二年（六六二・天智元）七月条には、

写真2-2　韓国公州市の公山城（かつての熊津城）

百済の諸城皆復《ま》た帰順《きじゅん》す。孫仁師《そんじんし》、劉仁願《りゅうじんがん》等と振旅《しんりょ》して還《かえ》る。詔《みことのり》して劉仁軌に、仁願に代《か》わりて兵を率ゐ鎮守せしむ。乃《すなわ》ち扶余隆に熊津都督を授《さず》け、本国に還《かえ》し遣《つかわ》す。

とあることから、劉仁願は孫仁師とともに帰国し、劉仁軌が仁願に代わって鎮守総管的立場に就いたように読める。ただし、鎮守総管的立場イコール熊津都督かどうかはわからない。文の後半部分から類推すると、新たな熊津都督として扶余隆が指名され、百済領に派遣されたように読める。さらに同書・麟徳二年（六六五）八月条に「隆、熊津城に到《いた》る」とあるので、扶余隆の実質的な熊津都督着任は麟徳二年八月と考えられる。

とすると、六六二年七月から六六五年八月までは正式な熊津都督は不在で、劉仁軌が鎮守総官的立場で熊津都督府を統括していたと考えられる。つまり、天智三年（六六四）五月十七日の郭務悰の日本派遣を命じたのは、劉仁願ではなく劉仁軌と考えるべきであろう。『資治通鑑《しじつがん》』巻二〇一唐紀一七・高宗麟徳元年（六六四）冬十月庚辰条にも「検校《けんぎょう》熊津都督劉仁軌」という表記が見いだせる。「検校」とは、各組織を統括する職名であるから、この時期、劉仁軌は熊津都督府を統括する立場にあったと考えてよかろう。そして劉仁軌こそが、白村江の戦で日本水軍と激烈な戦いを展開して、圧倒的な勝利をあげた英雄であった。

実際の戦闘で日本軍を打ち破った将軍の命を受けた郭務悰たちを、敗戦国の日本がないがしろに扱うことができようとは思えない。劉仁軌は、郭務悰を通して、天智朝に対して表函《ひょうかん》と贈呈品を下賜した。表函とは、上表文《じょうひょうぶん》をおさめた箱である。しかし、実際は上表文ではなく、日本に対する要求書なり命令文であったと考えられる。

百済の五都督府の人事は高宗の任命によるものである。戦勝国の唐が、敗戦国の日本に上表文や「献物」を「進る」はずがないから、実態は「下賜」であったと推測される。また劉仁軌が日本に送った文物も、高宗の意を受けたものであると考えるべきである。こうしたものを「私人」「私辞」として排除することが許されるとは思えない。「表函」の内容は知りようがないが、今後の羈縻政策のために準備すべき内容や、そのために日本政府が熊津都督府の指揮下に入るべきことが書かれていた可能性が考えられる。つまり、今後の羈縻政策は劉仁軌が行い、実務は彼に代わって郭務悰たちが行うことになるから、日本政府はそれに従えということであったと思われる。

新蔵正道氏は「「白村江の戦」後の天智朝外交」の中で、

少なくとも今回の唐使来朝時には日本が唐と対等外交を志向することはありえなかったのではなかろうか。なぜなら、白村江で唐羅連合軍に大敗を喫してから一年もたっていない時期であり、その敗戦処理が日本の朝廷にとって容易ならざるものであったことはまちがいないからである。したがって私は、今回の日本側の対応は、唐朝への対等意識から生じたのではなく、日本の対外的危機意識が高まっていた時だけに、唐本国からの使節であれば入京させての対応も検討するが、そうでない使節を軽率に入京せしめるわけにはいかないという、外交に対する慎重さを背景にしたものだと考える。

と述べる。新蔵氏のいう日本の唐に対する戦後意識はまさにその通りであろう。敗戦国が戦勝国と「対等」という意識を持ち得る根拠がない。しかし、同時に、長安からの使者ではないからといって、前線基地からの使者を受け入れないということもありえないであろう。劉仁軌側としては、高句麗戦もこれからであり、意識としてはまだまだ戦中である。使者を受け入れないならば、軍を送るという行動に出るのが一般的である。そうした戦時意識を天智たちが持ち合わせていなかったとは考えられない。

天智たちは、引上船で帰国した人々から、唐の軍団の規模がいかに大きなものだったかを聞いている。一縷《いちる》の望みをかけて出兵したが、結果は無残《むざん》なものとなった。この痛手《いたで》を乗り越えて、いかに唐の使者と対応すればよいか、思考をめぐらせたことであろう。なにはともあれ、最初の唐の使者に悪印象を与えることは日本の未来の損失になる。それだけは避けなければならなかったはずである。それゆえ、郭務悰に対して「私使」だから表函は受け取れないなどという、失礼極まりないことを言うとは思えない。郭務悰が心の狭い人物であれば、ちょっと気に障ることがあっただけで、唐の要求は際限なく膨らむ可能性を秘めているのである。天智たちは、郭務悰がどのような人物で、どこまでの対応をしてよいか、どのように対応すれば好印象を持たれるか、そのことに必死だったのではなかろうか。

それゆえ、郭務悰が結果として大和に「入京」していないのは、日本政府が那津宮《なのつのみや》におり、正式交渉も那津宮で行われたからであろう。それを「海外国記」著述の天平期に、奈良時代の国際意識で解釈しなおし、那津宮での外交交渉を、「大和への入京を許さなかった」と曲解《きよつかい》して記述したと考えるべきであろう。それゆえ、実は「表函」も天智の手に渡り披見《ひけん》されていると考える方が的を射ているのではなかろうか。

郭務悰の滞日目的

郭務悰は天智三年（六六四）五月に来日して十二月に帰国している。この間約七か月。彼は日本で何をしていたのであろうか。松田好弘氏は、郭務悰来日の目的を、唐は高句麗を孤立させるために、百済故地領有を確保する必要があり、そのため日本に対して警戒を強めている。それ故、日本に対して修好を求めることを通じて、百済への「影響」を断ち切るという命を帯びたものであったと考えられる。（前掲論文）

と述べる。

唐が高句麗征討に主眼をおいていたことはその通りであろう。だが、白村江の戦で実際に日本軍と戦い勝利した劉仁軌には、日本の主力軍が白村江で壊滅したことも既知である。白村江の戦で日本人がかなりの数、捕虜となって長安に連れていかれていることを見ると、彼らから劉仁軌は日本軍の情報を得ていたことは間違いない。つまり、これ以上、日本が百済復興軍にも高句麗にも軍事的に関与することが不可能な状況を、劉仁軌は熟知していたと考えてよいだろう。

郭務悰の来朝から五か月後の十月一日に、中臣内臣《なかとみのうちのおみ》と沙門智祥《しゃもんちしょう》が郭務悰に贈り物を届けている。中臣内臣は鎌足《かまたり》のことである。沙門智祥は他の箇所に見えないのでどのような人物かわからない。ただし、「海外国記」に九月に津守連吉祥《つもりのむらじきっしょう》・伊岐連博徳《いきのむらじはかとこ》とともに僧智弁《ちべん》が遣わされていることが見える。あるいは、『日本書紀』の「沙門智祥」は「海外国記」の「僧智弁」と同一人物かもしれない。中臣鎌足は南淵請安《みなぶちのしょうあん》の塾に通っていたから漢語には通じていたであろうが、外交交渉は正確を期《き》すため、中国語と朝鮮語に堪能な通訳が必要であり、それを「沙門智祥」が担当したのであろう。「智祥」という名は智弁の「智」と吉祥の「祥」の合成名のようにも思えるが、僧名として不自然さはないので、これ以上の憶測は控えよう。

「海外国記」に登場する伊岐連博徳は、斉明五年（六五九）に遣唐使に加わって渡唐するが、百済の役のために長安に抑留され、斉明七年五月に耽羅《たんら》を経由して帰国している。博徳は中国語が普通に話せたであろう。博徳は、この後、天智六年（六六七）十一月に来朝した熊津都督府熊山《ウンサン》県令上柱国司馬法聡《ポムチョン》たちの帰国の送使にもなっているから、天智朝では外交担当の一員として重用されたと思われる。

彼の報告書は「伊吉連博徳書《いきのむらじはかとこのふみ》」として『日本書紀』に引用されている。それについて、坂本太郎が「伊吉連は天武十二年からの新姓であって、それまでは伊吉史である。天武十二年以後の筆とすれば、正式の報告書ではなく、別の目的をもったものとすべきであろう。そして、その目的は、書紀編修の材料としようとしたものと考えるのは行き過ぎであろうか」（「日本書紀と伊吉連博徳」、三二〇頁）と指摘しているのは重要である。斉明・天智紀の記述について天武朝以後の編集の手が加わっていることを、ここでも確認できるからである。

天智三年十月四日には、郭務悰たち唐使をもてなすための饗宴が開かれている。簡潔な記事で詳細はまったく不明である。郭務悰たちと日本側の話し合いが一段落ついての饗宴とも考えられる。『日本書紀』の記述では郭務悰たちの人数はわからないが、「海外国記」によれば、大使朝散大夫上柱国郭務悰が引き連れてきたのが三十人、百済の佐平禰軍が伴ったのが百余人ということになっている。この内訳は不明だが、単純に唐人三十人、百済人百余人なのかもしれない。彼らは、今回来日し、今後の日本での仕事に従事した人々であったと思われる。

それゆえ、郭務悰は同年十二月十二日に帰国するが、他の人々は筑紫《つくし》の那津に残ったものと考える。

郭務悰の来日について、田村圓澄は『東アジアのなかの日本古代史』の中で、

『日本書紀』に記された右の記事から、来倭した郭務悰の使命、また要件について知ることはできない。しかし白村江の敗戦後、はじめて倭を訪れた唐使について、中大兄政権は、おどろきと警戒の念をかくさなかったであろう。ただし郭務悰が唐の高宗《こうそう》の使者ではなく、百済鎮将劉仁願の命をうけており、したがって、唐と交戦したことの問責、また賠償要求の使者でないことに安堵したであろう。（一九七頁）

と述べる。『日本書紀』はなぜ、郭務悰の来日目的を書かないのか。それがまず問題であるが、これは書きたくない事情があったからではなかろうか。その書きたくない内容とはなにかというと、まさに田村が否定している戦争の問責と賠償要求と考えられる。

後述するが、戦勝国がまず敗戦国にやってくる理由は、降伏の調印の要求と、それに関わる条件の提示、つまり、問責と賠償請求である。郭務悰が来日した一番の目的をこれ以外のものと考

えることはむずかしい。

防人・烽の設置と水城の築造

郭務悰が日本に残した人々の役割について考える材料として、天智三年（六六四）是歳条に次のような記述がある。

是の歳《とし》に、対馬島《つしま》・壱岐島《いきのしま》・筑紫国《つくしのくに》等に、防《さきもり》と烽《とぶひ》とを置く。又、筑紫に、大堤《おおつつみ》を築《つ》き水を貯《たくわ》へ、名《なづ》けて水城《みづき》と曰《い》ふ。

まず、対馬・壱岐・筑紫に防人《さきもり》を置き、烽火《とぶひ》を設置したとある。これまでは、白村江の敗戦後は、日本は防衛に力を入れたという考えが一般的であったので、これらも日本の防衛のために設けられたと理解されてきた。たとえば、西谷正氏は、

このように白村江における敗戦を契機とする城郭の築造をはじめ防衛施設の設置に関する一連の記事は、百済に救援軍を送り、また、百済からの亡命者を少なからず受け入れた日本が、いわば仮想敵国視した新羅と唐の連合軍の来襲に備えたことを示すものである。（『朝鮮式山

城」)

と述べる。こうした考え方は古代史研究では一般的である。もう一例をあげると、倉住靖彦氏も、

状況的には勝利に乗じた唐・新羅連合軍のわが国への進攻も十分に予想され、半島への出兵を中心としていた従前とは全く異なり、それに対する防衛態勢の急速な整備強化に迫られた。(中略)翌天智三年には対馬・壱岐両島および筑紫国に防人と烽を配戍して当面の危急に備え、また筑紫には大堤を築いて水を貯えしめ、これを水城と名づけた。これらをはじめとして、天智朝はそのための諸施策の実施に追われていると言っても過言ではないだろう。(「天智四年の築城に関する若干の検討」)

と述べる。こうした理解が一般的になされるのはしかたがない。『日本書紀』はそのように読めるように記述されているからである。しかし、それは論理的には問題がある。戦争前ならばまだしも、すでに敗戦が決定しているのに、なんのために烽《とぶひ》を設置するのであろうか。むしろ戦争前か遅くとも戦争中に、前線と本営の連絡のために設置するのならば効果もある。しかるに、すでに戦後処理のための唐の使者が来日してしまっているのであるから、「防衛」のためと考えることは無理がある。この後も、唐の使者が訪れていることを見ても、烽が防衛のためには役に

立っていない。もし烽が使われたとしたならば連絡用としてしか考えられない。

つまり、唐の使者が来日する際に、その受け入れ準備をするために、事前に連絡を受けるための施設として烽があったと考えられるのである。そして、それを必要とするのは、日本側ではなく、むしろ唐側であった。それは烽が設置された場所を見てもわかることである。もし、烽を防衛のために設置するならば、対馬・壱岐・筑紫ではなく、長門《ながと》・吉備《きび》・難波《なにわ》など、瀬戸内から大和への連絡地に設置すべきである。ところが今回設けられた烽は筑紫→壱岐→対馬→朝鮮半島南端という唐が羈縻支配する百済故地への連絡ルートである。

烽については、瀧川政次郎の「上代烽燧考」(『史學雑誌』六一－一〇、一九五二年)の成果を受けて、佐藤信氏が「日本古代の烽制は、中国の国家的な烽制を取り入れたものであった」(「古代国家と烽」)と述べている。まさにこの時の「烽」が、郭務悰が唐の通信システムである「烽」を取り入れて設置させた最初の事例と考えられる。

先ほど、郭務悰が来日の際、引き連れてきた三十人と百余人を日本に残していったと述べたが、その理由が実は、この烽の設置と「防」としての見張番であろう。三十人は主として烽等の設計に携わる人々であり、百余人は兵士たちであって、建設現場で働いたり、その警護を担当した人々と考えられる。「防人考」を発表した岸俊男は、「天智二年白村江の大敗によって外征軍主力たる多くの西国兵が戦死し、捕虜となったという事態は西国に甚大な打撃を与え、その回復は容易ではなかったのでは」(三二一四頁)ないかと推測する。もしそうであれば、「防」も日本が派遣

写真2-3　長崎県壱岐市・少弐公園に復元された壱岐の烽

したものではなく、郭務悰が引き連れてきた兵士が宛《あて》がわれたと考えるのも、それほど無理ではなかろう。

つまり、対馬嶋・壱岐嶋・筑紫国に置かれた「防と烽」は、今後、熊津都督府と日本の筑紫との往来のための連絡所として、郭務悰によって設置されたものと理解するのが、もっとも自然なのである。

次に水城《みずき》であるが、これについて小学館版の『日本書紀③』の頭注は、「大宰府を防衛するためその西北に築かれた堤。福岡県太宰府市・大野城市・春日市にかけて所在」（二六六頁）と説明する。しかし、これは疑義のある説明である。そもそも大宰府は天智四年段階ではまだ存在していない。倉住靖彦氏によれば、「浄御原令の制定に伴っていわゆる大宰府制が施行され、筑紫大宰府はその一環として成立した」（『大宰

写真2-4　水城跡

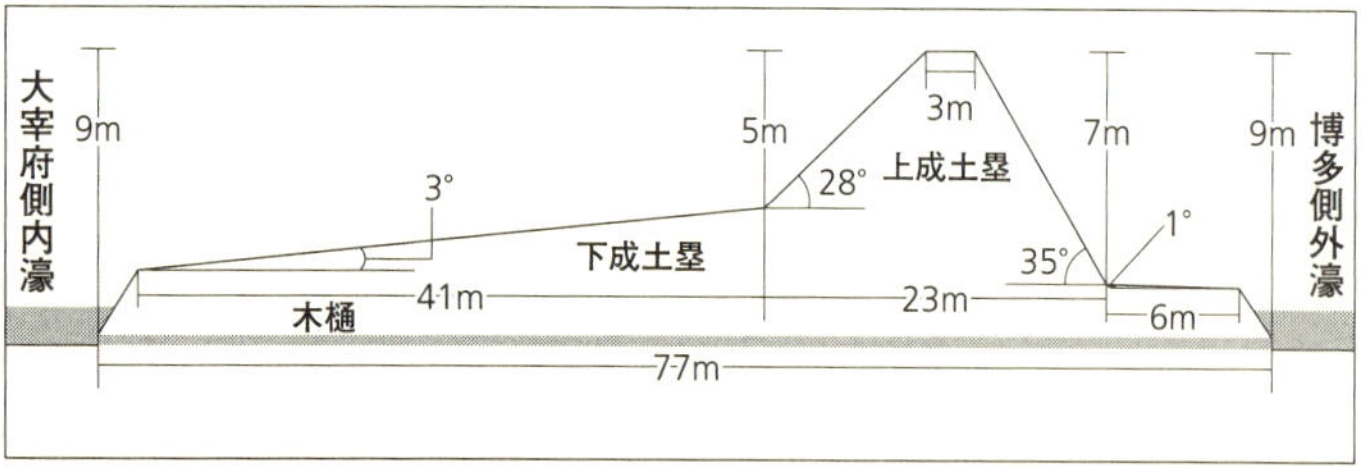

図2-1　水城土塁現況断面模式図
出典：太宰府市教育委員会

府成立までの経過と背景」）という。つまり天武朝のことであって、天智朝にはまだ筑紫大宰府《つくしだざいふ》は成立していない。もちろん、大宰府に先行する施設があった可能性はある。郭務悰のような外国使節が来朝した際に宿泊する施設なども必要である。そうした施設が「筑紫大宰」と呼ばれるものなのかもしれない。だがそれは海岸に面した場所に求められる。筑紫大宰ももとは那津にあったと考えられている。

北條秀樹氏は、水城が防衛のために築かれたとする通説に疑問を呈している。「大宰府の防衛ということは反面その外側、博多湾側の放棄をも意味する」から、「対朝鮮政策の最前線であり続けた地域」を放棄するというのは矛盾すると指摘する（「初期大宰府軍制と防人」）。そして、こうした建設が短期で完成するものではないことから、「きたるべき令制的支配」を見据えた「新しい国内支配政策の実施と拠点経営」を考えたものと理解する。この点は倉住氏も同じ意見で、「戦後の新しい国際関係に対応するため、最前線となった筑紫を中心とする国防戦略を策定したのであろう」（前掲論文）とする。

倉住・北條両氏ともに、大宰府は天武朝以後のものであり、位置的に水城が大宰府防衛のために築造されたとは考え難いとする点は共通で、首肯できる意見である。しかし、後の大宰府の機能に引きずられた点があり、なぜこの天智三年に水城が設けられたのかという問題には答えていない。長期的な今後の国防策というのは、大宰府を中心に据えた考え方である。

防と烽が熊津都督府の便宜のために設けられたものであるならば、水城も当然その論理の上で解釈されなければならない。水城は、大野城側に東門が、小水城側に西門が設置され、福岡市を南北に二分するように東西一直線に築かれ、高さ七メートルの土塁と堀・木樋から構成されている。つまり、水城は防禦堤としての機能を有している。このような高さを有し、地域を南北に分断するように水城が設けられていることの意味は、筑紫で郭務悰たちが羈縻政策の準備作業を行う間、一定の防御的役割を果たすものとして築かれたと考えることができるのではなかろうか。百済復興軍の救援部隊の多くは九州地域から徴兵された。国家的な視野で考えなければ、筑紫に駐屯している唐の人間は、まさしく出兵した家族・親族の敵である。個人的感情に駆られた九州南部の豪族たちが筑紫に攻め入らないとは限らない。それは那津宮で戦後交渉をしている天智たちにとっても都合の悪い事態である。そこで、一時しのぎにすぎないであろうが、丘陵の谷合を塞ぐ形で水城が設けられたと考えられよう。

劉徳高の訪日

『日本書紀』は烽や水城の築造記事の後に、劉徳高《りゅうとくこう》の訪日記事を掲げる。天智四年（六六五）九月から十二月にかけて劉徳高が日本に滞在している。

秋八月に、達率答炑春《だちそちとうほんしゅん》初《そ》を遣《つかわ》して、城《き》を長門国《ながとのくに》に築《つ》かしむ。達率憶礼福留《おくらいふくる》・達率四比福夫《しひふくぶ》を筑紫国に遣して、大野《おおの》と椽《き》、二城を築かしむ。耽羅《たんら》、使を遣して来朝《まいけ》り。

九月の庚午《こうご》の朔にして壬辰《じんしん》（二十三日）に、唐国《もろこし》、朝散大夫《ちょうさんたいふ》沂州《きしゅう》司馬《しば》上柱国《じょうちゅうこく》劉徳高等《りゅうとくこうら》を遣《まだ》す。〈等といふは、右戎衛郎将《ゆうじゅえいろうしょう》上柱国《しょうちゅうこく》百済禰軍《くだらのねぐん》朝散大夫柱国郭務悰を謂《い》ふ。凡《すべ》て二百五十四人。七月二十八日に、対馬に至り、九月二十日に筑紫に至る。二十二日に、表函《ふみはこ》を進《たてまつ》る。〉（中略）

十一月の己巳の朔にして辛巳（十三日）に、劉徳高等に饗賜《あえたま》ふ。

十二月の戊戌の朔にして辛亥（十四日）に、物を劉徳高等に賜ふ。

是の月（十二月）に、劉徳高等罷《まか》り帰りぬ。


天智四年九月二十三日に唐から劉徳高が来日した。前回に引き続き、郭務悰も同行している。彼らは三か月弱の滞在で帰国している。記事の記述パターンは、郭務悰の初回の来日の場合とほぼ同じである。注記によると、劉徳高たちの来日ルートは、対馬を経て筑紫に至るルートで、天智三年是歳《このとし》条に烽が設置されたルートを逆に来ている。

これまでの説では、前年の郭務悰は私使として追い返され、今回の劉徳高は正式な使者として迎えられたというように解釈されている。中国史研究者の堀敏一氏も「翌年、唐は劉徳高を日本に送ってきた。これは前年日本が郭務悰を「私使」とみなした結果であろうが、あるいは日本側が郭との折衝のなかで、正式の国使を要請したのかもしれない」（『東アジアのなかの古代日本』

一八二頁）と述べている。

劉徳高が唐から来たことは、『日本書紀』白雉《はくち》五年（六五四）二月条に、「定恵《じょうえ》、乙丑年《いっちゅうのとし》を以《も》ちて劉徳高等が船に付きて帰る」（伊吉博徳言）とあることから確認できる。従来説ならば、劉徳高は正式な使者であるから入京もでき、表函も日本政府に受け取ってもらえることとなる。しかし、劉徳高が入京した記事は見当たらない。

つまり、劉徳高が正式な使者であっても、外交交渉は筑紫の那津宮で行われたと考えざるを得ない。天智たちが那津宮にいる以上、それは当然の結果である。しかし、『日本書紀』は天智が飛鳥にいるような記述を各所にしている。天智四年三月一日には、二月に没した間人《はしひと》大后の供養のために三百三十人を得度《とくど》させたと記す。得度させた主語はもちろん天智となる。得度は大和で行われるであろうから、天智は飛鳥にいたことになる、といった類の記述である。

だが、敗戦によって日本兵がいつ帰国するかもしれず、熊津都督府や唐からの使者が頻繁に来る状況で、国の最高責任者である大王・天智が筑紫から遠く離れた飛鳥にいたのでは話にならない。天智が大王として存続するためにも、彼は筑紫那津宮で日本の代表として唐の使節に対応していなければならなかった。それに飛鳥に戻ると、大和の豪族たちから敗戦の責任を追及される恐れがあった。大和の豪族の中には、白村江の敗戦がいかに大きなものであったかを感じていない豪族たちもいたであろうし、理解はしていても政敵の弱点は突くというのが政治の常道《じょうどう》である。白村江の敗戦は斉明・天智の母子政権を叩《たた》くよい機会としてしか考えられない人たちもいたであろう。

それが筑紫にいる天智と大和にいる豪族たちとの温度差である。

この温度差が反天智派を形成し、壬申の乱の原因となっていくのであるが、それについてはまた別の機会に論じることとしたい。

第三章
朝鮮式山城の築造

大野城

前章では劉徳高の来日の前年に防人と烽が設置され、水城が築かれた状況を見たが、直前の八月に長門国と筑紫国に「城」が築かれていることにも注目する必要がある。この時、筑紫国に築かれた城は、大野城と基肄《きい》（椽《き》）城であった。この両城について、西谷正氏は次のように概説する。

大野城と基肄《きい》城をみると、後述するような山城の城壁・城門や城内の建物群などの構造形式は、古代朝鮮とりわけ百済の山城との共通点が少なからず認められる。ここにおいて、文献史料に記載される百済からの亡命貴族の築城への関与と、そのことを裏づけると見られる百済式山城という考古資料の存在によって、大野城と基肄城を典型例として、朝鮮式山城と呼ばれるようになったわけである。（「朝鮮式山城」）

西谷氏は、朝鮮式山城と呼ぶよりは百済式山城と呼ぶべきだという立場であるが、それはさておき、これらの朝鮮式（百済式）山城の築造担当者が、それぞれ、

長門国の山城—答㶱春初《とうほんしゅんそ》

筑紫国大野城―憶礼福留《おくらいふくる》
筑紫国基肄城―四比福夫《しひふくふ》

となっており、三人とも元百済官僚であるということである。西谷氏が「百済式山城」と呼ぶべきであるというのも、この三人が全員百済人だということにあろう。もっとも彼らは建設の現場監督であって設計士ではないが、この場合は、どちらにしても百済式の山城になることはたしかであろう。

大野城は『太宰府市史　考古資料編』によると、

大野城は大宰府政庁背後の標高四一〇《メートル》の四王寺山に築かれている。四王寺山は北側に大きな谷を取り込んで尾根線がめぐっ

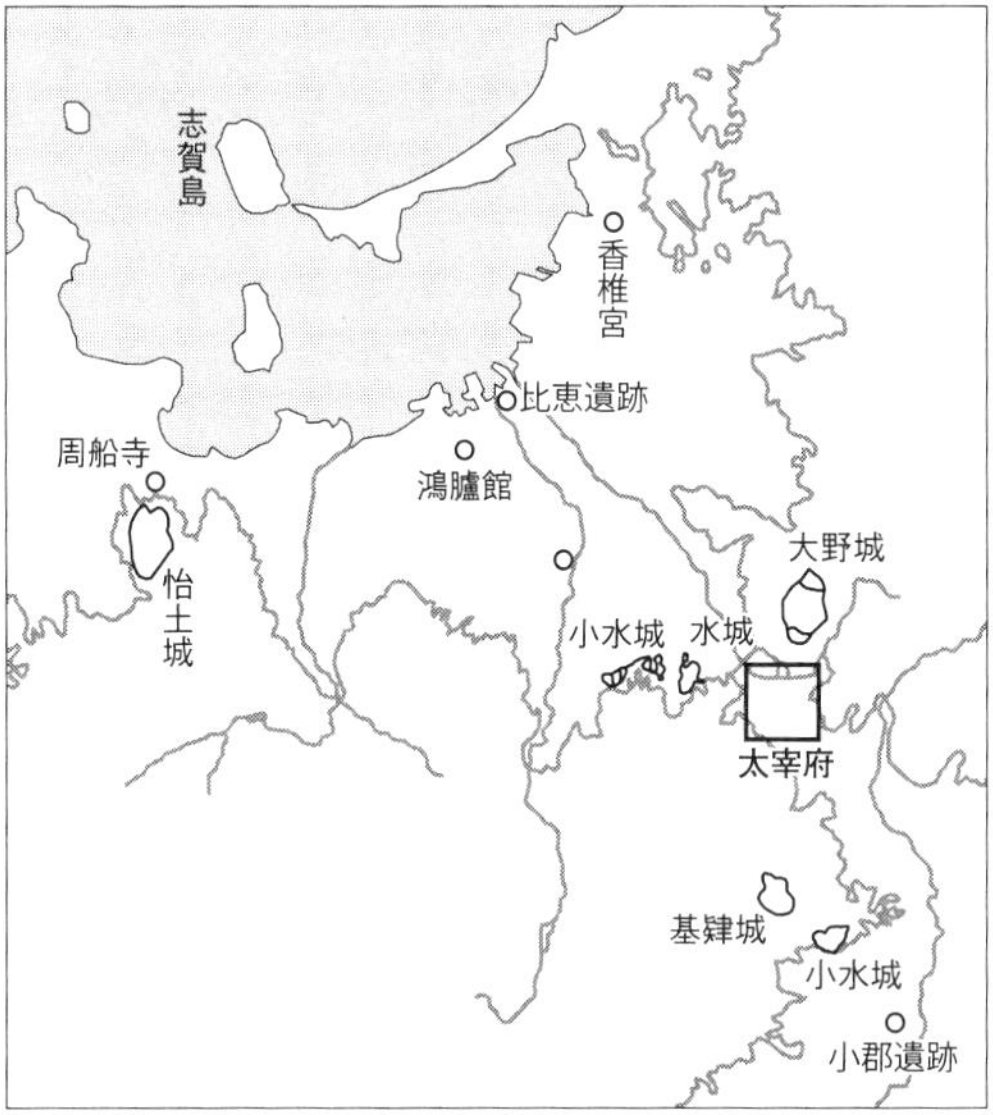

図3-1　大宰府跡周辺図
出典：倉住靖彦「大宰府の成立」田村圓澄編『古代を考える　大宰府』原図より作成

ており、馬蹄形を呈している。この四王寺山から西南方へ延びる丘陵は水城へと連なり、博多湾方面からの侵攻に対する防衛線を形成している。（四〇八頁）

という山城である。大野城は典型的な朝鮮式山城であり、創建年代も『日本書紀』によって明確になっている山城なので、『太宰府市史　考古資料編』によって、やや詳しく構造をみておこう。基本的には、城の外郭部は土塁がめぐらされているが、これも自然の地形を利用して尾根に沿って築かれている。城内への出入り口は、南側に三か所、北側に一か所が確認されている。城内は、尾根の平坦部を利用して建物が配置されている。この建物の造営時期については、「最下層から検出された掘立柱建物の柱穴から軒丸瓦が検出されており、これが時期推定の手懸りとなる。この軒丸瓦は単弁八弁蓮華文で、製作手法にも古い要素が窺われる。時期的には七世紀後半代を下らないものとみられ、『日本書紀』に記載の六六五年築造記事とそれほどの矛盾はない」（四二九—四三〇頁）とされる。

こうした考古学的な情報は、大野城が天智朝に築造を開始され、あるていどの内部構造を完成させたものであったことを、我々に確認させてくれる。それゆえ、『日本書紀』の記事自体は虚構ではなく、実態を記したものであるといえる。

このような朝鮮式山城は、この後も築かれることになるのであるが、この朝鮮式山城の理解として、次の笹山晴生氏の見解が一般的なものであろう。

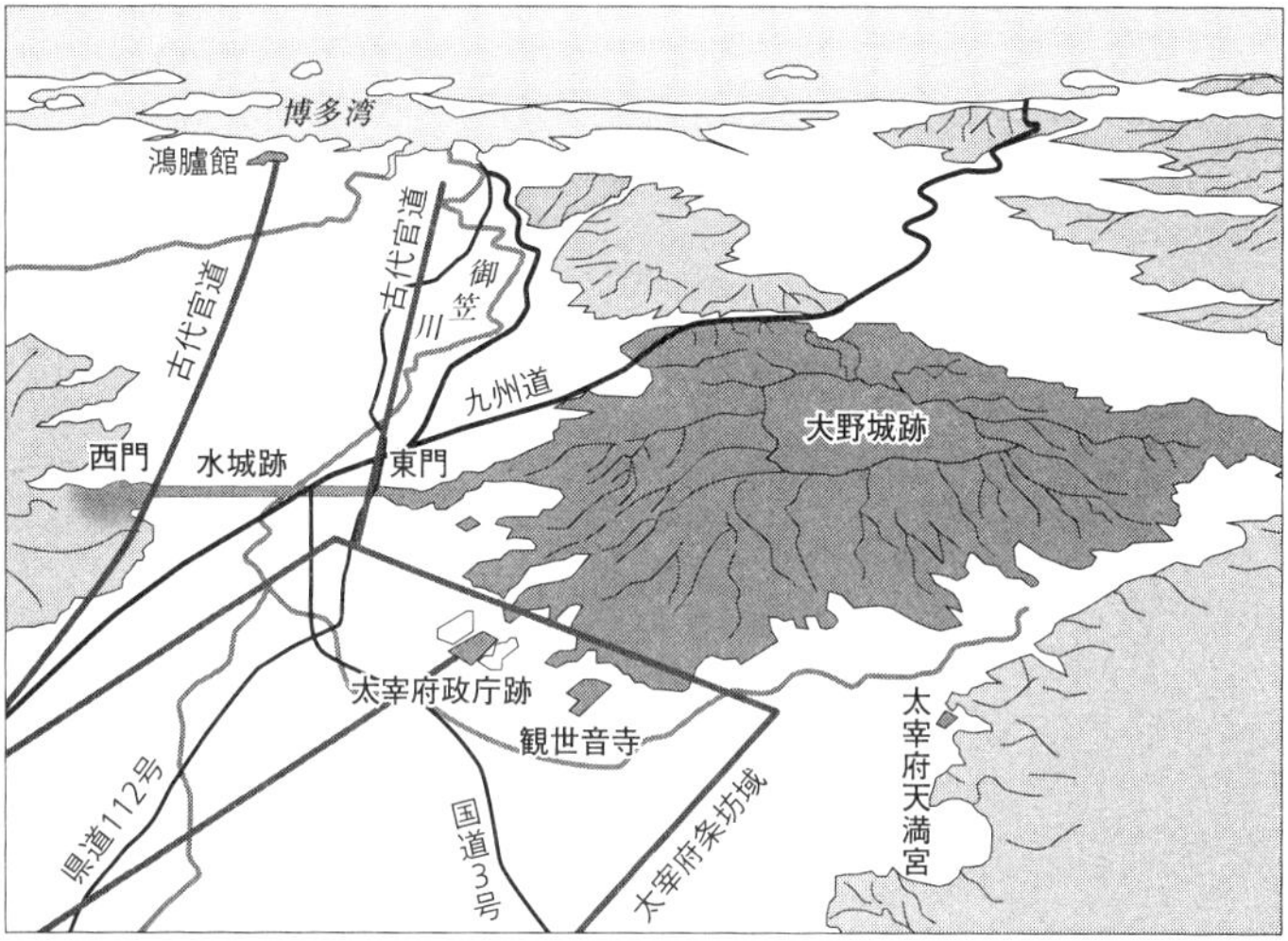

図3-2　大野城周辺図

鞠智城は七世紀後半の朝鮮式山城で、大野城や基肄城と同様、唐《とう》・新羅《しらぎ》の進攻に備えるための防衛施設であった。それらの中でもっとも南に位置する鞠智城は、おそらく有明海沿岸からの進攻に備えて造られたものであろう。しかし鞠智城はまた、九州中部・南部への交通の要衝に位置する城であり、ことに八世紀以降には、肥後国の政治・軍事を支え、九州南部への律令制支配の拡大を進めるという役割を担う存在にもなっていた。そのことが八～九世紀を通じて鞠智城が存在し、軍事施設としての役割を果たし続けた理由であろうと思われる。(『古代山城鞠智城を考える』一二～一四頁)

だが、水城の際の北條秀樹氏の批判と同じことが大野城・基肄城についてもいえよう。大野城は博多湾から内陸部に入りこんだ位置にある。そのような場所に防衛施設としての山城を築くことにどのような効果があるのであろうか。本気で防衛施設を築くつもりならば、元寇《げんこう》の際に設けた土塁のように海岸線に築くべきであろう。そのため、大野城などについては、防衛というよりは「逃込み城」という性格があるという指摘もある。しかし、それはほとんど築城のための理由としては成立しない。逃げ込んだ後の戦略をどうするのかという問題があるうえに、攻撃軍が逃げ込み城を放置して軍を大和に進めてしまった場合、築城の意味が失われるのではなかろうか。

日本はすでに敗北しており、おそらく降伏もしている。

九州がいかに半島・大陸からもっとも近い場所にあるからといって、唐・新羅の征討軍がわざわざ寄り道して九州全域の平定を意図するとは思えない。まっすぐに大和を目指すのが常道であろう。百済征討の場合も周りの諸城をそれほど相手にせず、まっすぐに公州《コンジュ》を目指し、熊津城を陥落させている。大野城が天智四年に築城を始めたとしても、防衛施設として堅固な山城を完成させるのには相当の時日を要するであろう。その間に、唐・新羅軍は大野城の建設を尻目に、瀬戸内から大和を目指すことになる。その場合、筑紫の人々が大野城に逃げ込むことになんの意味もないであろう。そのようなために百済人を派遣して山城を築くとはとうてい思えない。

従来説を展開する方々は、その点をどのように考えているのであろうか。

むしろ、百済人が日本に山城を作るということをいかに考えるか、という問題がある。

日本の防衛のための城柵ならば、なぜ日本人が築城の中心人物にならないのか。たとえ、百済の城柵建築の技術を取り入れるとしても、その百済人たちには設計と現場補助監督をさせればよく、中心的な現場監督は日本人が勤めるのが普通であろう。それに日本の城柵ならば、秘密保持のためにも、外国人に任せるということはありえない。

この時に百済人に山城を建設させることができるのは誰か。

それは、唐王朝あるいはその出先機関の熊津《ウンジン》都督府以外には考えにくい。『日本書紀』は、答㶱春初《とうほんしゅんそ》たちに諸城を築かせたのが、大和朝廷と読めるように記述しているが、それは後世の潤色であろう。

では、唐王朝はなんのために大野城や基肄城を築かせたのであろうか。それは、奇しくも笹山氏が鞠智城を「九州南部への律令制支配の拡大を進めるという役割を担う存在」たらしめるためと論じたのと類似した目的であろう。唐は、戦勝国として、これから日本の支配を進めていくためには、百済に設けたような都督府が必要となる。その拠点、あるいは拠点の防衛施設が必要となる。それが大野城であり、基肄城であった。

つまり、大野城は北からの唐の軍勢を防ぐためではなく、南から九州勢力が進攻してくる危険を考慮して、筑紫に駐屯する予定の唐軍を守るために築いたものであり、今後、九州全域に羈縻《きび》支配を及ぼすために設けられたものと考えるのがいちばん合理的ではなかろうか。

朝鮮式山城の建設目的

日本の研究者は、この朝鮮式山城の築城目的を、唐・新羅軍の侵攻から防衛するためという考えからなかなか抜け出せないでいるが、その中からも、実際的な「防衛力」に対する否定的な意見も出てきている。たとえば出宮徳尚氏は、朝鮮式山城全般に対して、

古代の山城はなぜあんなにばかでかくて、しかも単郭式の単純な防御構造なのかということです。（中略）大野城の場合は城門を伴っていますから、その前衛的な機能があると言えばえますが、それ以外の大半の古代山城は単郭式であって、外周を突破されると城内へ敵の勢力が一気に入って来るという、非常に構造的な脆弱さを持っているわけです。（「古代山城再考」）

と朝鮮式山城の防御機能の脆弱《ぜいじやく》性を指摘している。そして出宮氏は中国の城郭が堅牢であり、「防衛戦を展開する施設機能が完成している」のに、そうした城郭の築城技術が日本に伝わった場合には、防衛機能の大半が失われていることを指摘したうえで、大野城と岡山県総社市にある鬼ノ城《きのじよう》の城跡構造について、「城門にしても城壁構造にしても城郭を使って、積極的に外敵を迎撃しようという意図をなかなか見出し難い」と結論付けている。

山城あるいは城郭というものは、どのような場合でも外敵に対する防御機能を持たないで築造されるということは考え難い。それなのに、大野城や鬼ノ城は防衛施設が脆弱だという。ここには、城郭という形態と現実の機能に矛盾が生じている。なぜ、そのような矛盾が生じたかを考えなければならないであろう。

この朝鮮式山城の築城主体が天智朝と考えると、前述の矛盾が生じてくるのである。しかし、これが唐の羈縻政策実行班が主体と考えると、それほどの矛盾なく理解することができる。後にも詳述するが、唐は戦争で勝利した周辺諸国に羈縻支配体制を敷く際に、都督府を設置する。外国に設置する都督府であるから、当然、防衛機能を持たせた施設となる。そのためには、自然地形を利用して、高所に築き、在地の抵抗勢力を監視する機能を持たせなければならない。おそらく大野城をはじめとする日本各地の朝鮮式山城もそのような目的で築城が始まったと思われる。

ところが、高句麗を滅亡させた後、唐は新羅の反抗にあって、朝鮮半島から撤退を余儀なくされた。半島における羈縻体制が崩壊した以上は、日本における羈縻体制の維持も困難であり、必然的に唐は日本からも撤退せざるを得なくなった。その結果、防衛施設の完成を見ずに朝鮮式山城は放置されることになった、と考えられるのである。

また、赤司善彦氏は、大野城の土塁を調査して、「版築工法によって築造した痕跡を確認」して、韓国・扶蘇山城《フソサン》（＝泗沘城《サビ》）の土塁と比較している。そして、「百済の扶蘇山城とも技術系譜的にも繋がりがあること」がわかったと述べている（「北部九州の古代山城」）。大野城が百済

写真3-1　福岡県大野城市宇美町の大野城百間石垣

の扶蘇山城の工法と類似性があるのならば、それはまさに、熊津都督府から技術者が送られてきて、築城にあたったことを予想させる。そして熊津都督府を統括しているのは唐軍である。このことからも、大野城をはじめとする朝鮮式山城の施工主体は唐軍という可能性が高くなる。

しかも赤司氏は、「大野城、基肄城の場合は丘陵の頂部を削って平坦地を設けています。ただし、これら倉庫群の多くは奈良時代以降に設けられたもの」という。このように、初期に一部の建造物が造られはするが、中断し、後に新たに建造物が造られている状況を考える必要がある。これは、唐軍が羈縻政策を展開するために、その拠点として大野城や基肄城を造り始めたものの、半島・日本からの撤退があり、しばらく放置され、その後、日本の朝廷の九州統治に利用されるべく、新たな建造が行われたと解することができる。

もし、外国の軍勢に対抗するために軍事施設として築造が開始されたのであれば、それは途切れることなく建設が継続されたはずである。そして、軍事的施設を想定するならば、やはり赤司氏が指摘するように、「博多湾沿岸には今は見つかっていませんが軍事的な拠点があってもいいのではないか」という疑問が生じる。大野城・基肄城がそれほどの軍事的効果がなくとも、同時に博多湾沿岸部に明確な軍事的拠点が築造されていれば、その三者を総合的に「軍事的施設」とみなすことも吝《やぶさ》かではないが、それがない以上、大野城・基肄城を軍事的施設と考えることは困難と言わざるを得ないであろう。

長門城

長門国にも城が築かれているが、天智四年（六六五）八月の記事には、大野城や基肄城のような固有名詞は記されていない。倉住靖彦氏は、そのことに疑問を抱き、詳細な検討を加えている。その結論だけを書くと、「長門城の固有名称は原史料においても記されていなかった可能性が大」であり、その理由は、大野城・基肄城のように筑紫大宰の移転とリンクして計画されたものではなかったため、「四年八月の時点で対比すると、大野・基肄両城は文字どおり着工されたが、長門城の場合はいまだ長門国内において城を築くことが決定されていたにすぎず、その築城場所は未定であった」ためと推測する（「天智四年の築城に関する若干の検討」）。

この問題は天智九年（六七〇）二月条に、「又長門城一・筑紫城二を築く」と再度記録されている問題と関連する。坂本太郎は「天智紀の史料批判」の中で、この記事は天智四年の記事の重出とみている。

一は詳細、一は簡略であるが、内容は同事を指すこと疑いない。両者の記事を生かすためには、四年は築城の開始、九年は完成と見る方法があるけれど、そこまでのこまかい解釈は、このあたりの大まかな書紀の記事には不適当であると思われる。これも同じ築城のことを述べた出所の違う史料が、無批判に別々に採録せられたのであろう。そしてこの場合は、年紀は四年の方に従うべきであろう。国防強化策は百済撤退直後に着手すべきものであり、（中略）この前項に高安城修築のことがあるので、それとの類聚的な意味で長門・筑紫の城のことも言及せられたのではないかとも考えられる。（三二六―三二七頁）

と説明している。この坂本の考え方は頷《うなず》きたい部分があるが、論証がなされていないので、かんたんには首肯《しゅこう》できない。まず、『日本書紀』には正確ではない記事があることはたしかである。また一つの記事を重出させている例もたしかにある。しかし、この天智九年の記事が「大まかな書紀の記事」とみなしてよいかどうかの証明は必要である。坂本論ではそれはされていない。そ

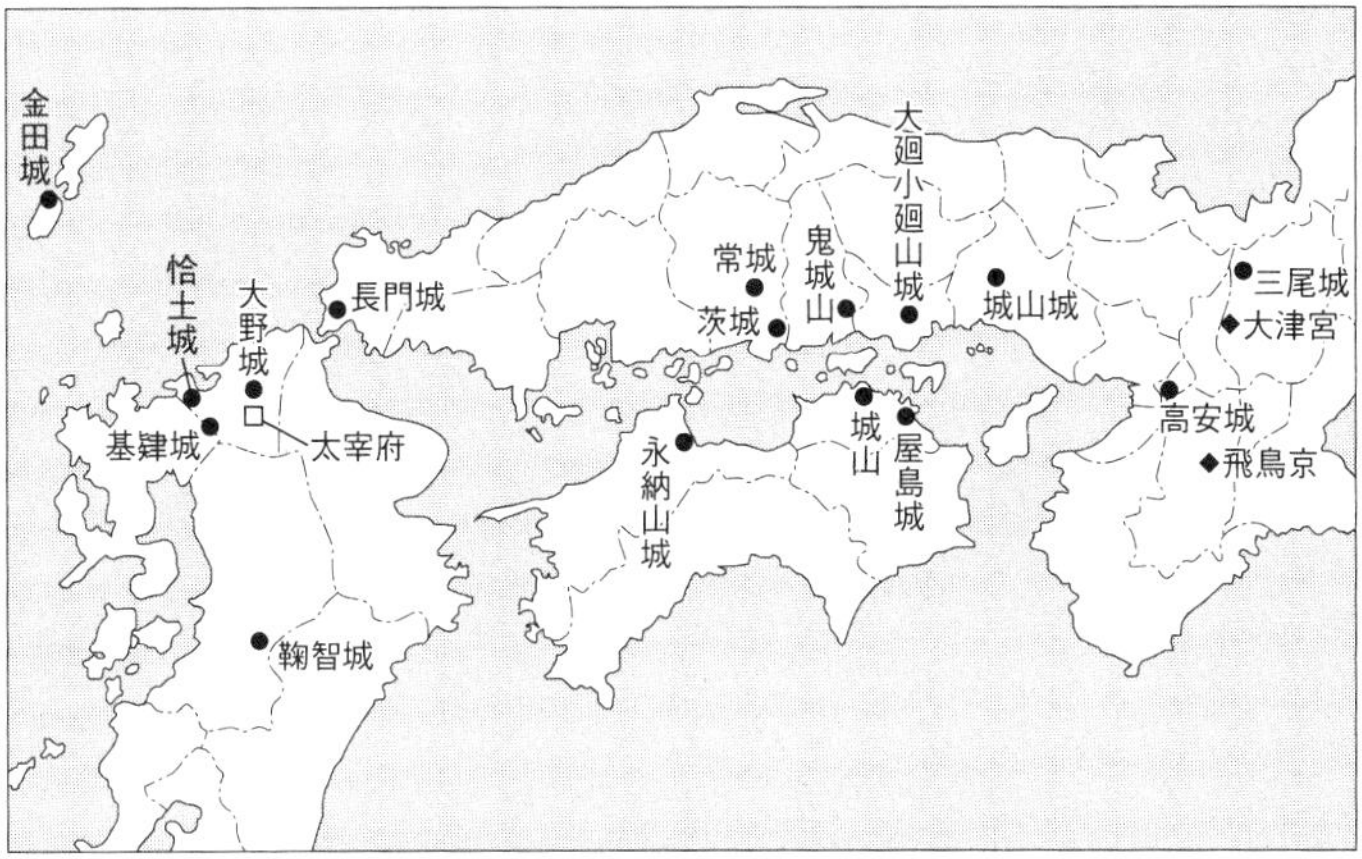

図3-3　朝鮮式山城の分布
出典：森公章「朝鮮三国の動乱と倭国」『日本の対外関係② 律令国家と東アジア』原図より作成

して、この記事が、高安城修築記事との関連で書かれたとしたならば、それは「出所の違う史料が、無批判に別々に採録せられた」状況を想定しにくくなる。高安城の修築年代を天智九年として確認して記載する際に、一度記載した他の山城の記事を「無批判」に記載するほうが不自然である。

倉住氏も坂本論に対して、「同事重出として簡単に処理してしまうことは妥当と言えない」と反論している。そして「天智十年正月に亡命百済人に叙位が行なわれ、憶礼福留と答炑春初には大山下が授けられた。二人の位階は必ずしも高くはないが、この叙位を築城に対する一種の論功行賞とみなせば、このことも築城工事が一定の段階に達したことを示している」（以上、前掲論文）のではないかと類推している。

この倉住氏の考えは論理的で首肯できるものである。坂本説の可能性がゼロとはいえないが、天智四年に長門・筑紫で築城が開始され、天智九年段階である程度の築城の進行が認められ、同十年にその論功行賞で叙位された、という流れの方が理解しやすい。しかし、倉住氏がいうように、天智四年段階に長門では、築城場所すら未定であったとは考えられない。築城は場所選定が一番重要である。それが決まらないで「城を長門国に築かしむ」とは命じないであろう。まして答炑春初は百済人で、日本の長門国の地理に不案内である。かなり無理な注文となろう。

そもそも城は最初から固有名詞を持つものではない。その命名は地名を冠する場合が一般的である。大野という地名の場所に築かれたから大野城と称され、椽という地名の場所に築かれたから椽（基肄）城なのである。答炑春初が長門国のある場所に築いた城も、おそらくは「某城」と称されていたであろう。問題はなぜ『日本書紀』に「某城を長門国に築かしむ」と記されなかったかである。

その理由は、『日本書紀』編纂時には、すでに答炑春初が築いた城は存在しておらず、どこに築かれたかも不明だったのであろう。それに比べて、大野城・基肄城は、倉住氏が指摘するように、筑紫大宰との関連で、以後の利用もあったため城そのものが存在しており、書紀編纂時に固有の地名が明白であった。なぜ長門の山城が存在していなかったのかというと、これもまた、唐軍の半島からの撤退、日本撤退によって利用がなくなったからであろう。

高安城・屋島城・金田城

ついでに他の朝鮮式山城についても言及しておこう。

『日本書紀』天智六年（六六七）十一月是月条に、

是《こ》の月に、倭国《やまとのくに》の高安城《たかやすのき》、讃吉国山田郡《さぬきのくにやまだのこおり》の屋島城《やしまのき》、対馬国《つしまのくに》の金田城《かなたのき》を築《つ》く。

という記事がみえ、大和国に高安城が、讃岐国に屋島城が、対馬国に金田《かねだ》城が築かれたことがわかる。ところが、天智四年の場合のように、築城責任者の名前は見えない。その代わりに、それぞれの城の固有名詞が明記されている。小学館版の『日本書紀③』の頭注によれば、高安城は「大和と河内の国境にある標高四八八メートルの高安山の頂上周辺に築かれた山城」で、屋島城の「屋島は高松市東北部にあり、海に半島状に突き出した台地」で、金田城は「長崎県対馬、下県郡美津島町の標高二七五メートルの城山に築かれた山城」（以上、二七三頁）である。金田城の場合は地名かどうか不明だが、他の二つの城は地名が城名に付けられている。

西谷正氏は、金田城について、

大野・基肄二城の二年後に築造された対馬国の金田城は、いうまでもなく直接的には半島の新羅の進攻に備えたものであることは、『日本書紀』の脈絡と地理的位置からみて論を俟たないであろう。
（「朝鮮式山城」）

と述べている。しかしながら、西谷氏の言うように金田城が防衛的な山城であるなら、地理的に考えても、大野・基肄二城よりも先に築城が始められてしかるべきである。ここそが最前線なのだから、優先順位として一番になるはずではなかろうか。

筆者は過日、この金田城を尋ねてみたが、防衛的な構造は見いだせなかった。海沿いに段階的に石壁が構築されているのは、たしかに防衛的であるが、それは海岸から崖を上って来るのを防ぐという意味でしかない。唐軍が無視して、金田城を横目に通り過ぎてしまえば、なんの意味もなさない。また車止めの所から山道を頂上まで登ってみると、近代の砲台跡があった。頂上からの眺望はすばらしいものであるが、大砲でこそ海に浮かぶ船を攻撃できるが、古代の弓では届きようもない。こうした山城をどのような理由で防衛施設と呼ぶのか疑問である。

写真3-2　長崎県対馬市の金田城第三層石垣

むしろ、金田城の特徴は、海岸線に着き出して、正面をまっすぐ進むと朝鮮半島南部に至るという地理的な利点であろう。ここからの烽は半島への連絡として有効だったかもしれない。

さらに屋島城・高安城についても、西谷氏の説明をみよう。

四国東部北岸地域に位置する屋嶋城は、瀬戸内海に向って突出した丘陵地尾根筋に立地し、とくに西方の眺望がよい。ここでは標高一二三メートル付近にある防御正面ともいうべき西門近くに石塁が残るが、内部構造など詳細は不明である。大阪湾を遠く西方に望む位置にある高安城は、大和と河内の国を分ける生駒山脈の南端、標高四八八メートルの高安山の丘陵地に立地する。(「朝鮮式山城」)

とだけ書かれている。両城とも具体的な七世紀後半の遺構が発見されていないので、詳しい状況が不明である。考古学の立場では、遺跡・遺物が出土しない限り、憶測を述べることはできない。そのため、高安城などに関する論考はほとんどない状況である。

他方、文献史学の方からは、天智六年(六六七)三月の近江遷都との関連で、高安城に言及する場合がある。たとえば、吉田孝氏は、『大系日本の歴史3　古代国家の歩み』の中で、

白村江《はくすきのえ》の役で西国が疲弊した状況のなかで、たよりとする東国の軍隊を徴発するのには、

飛鳥よりも大津の方がまさっていた。もちろん飛鳥の岡本宮にも留守司《るすのつかさ》がおかれ、飛鳥の防衛の要となる高安城が築かれているので、飛鳥を放棄する意図はなかったであろう。（九三頁）

と論じる。吉田氏は、日本軍は朝鮮式山城を各地に築き、都も「敵の水軍から直接攻撃されない近江に遷して、着々と戦闘態勢を整えていたかのように叙述されている。このような考え方は、文献史学において今日まで引き継がれている。熊谷公男氏は、『日本の歴史　第3巻　大王から天皇へ』（前出）で、

六六七年には、最前線の対馬に金田城を築いたのをはじめとして、讃岐に屋島城、ヤマトに高安城を築いて、対馬からヤマトまでの各所に点々と防備施設が配備された。ヤマトまで敵襲がありうることを想定した念の入れようである。（二〇八〜二〇九頁）

と述べる。吉田氏と同じく朝鮮式山城を防衛施設として捉えて、唐軍の攻撃があれば、そこを拠点にして戦闘を展開するが如き発想である。

朝鮮式山城の軍事的意味合い

では、いったいどれだけの兵士をそれぞれの山城に配置したというのであろうか。『日本書紀』が記しているのは築城記事だけであって、軍備の配備については何も記していない。山城だけがあっても、外敵に対抗すべき兵士と軍備が整えられなければ、それは防衛施設としての意味をなさない。白村江の戦で日本が持てるだけの兵力を投入して負けたという事実をもっと重く受け止めるべきではないであろうか。

そして、戦略的に考えても、対馬―筑紫―長門―讃岐―大和の各地に山城が一つずつ出来たからといって、どのような防衛力を発揮できるというのであろうか。先述したように、唐軍はそれらの諸城を無視してもなんら問題ない。むしろ、それらの諸城に兵士が割かれているのならば、近江・大津宮はその分だけ兵士が手薄になり、攻撃しやすくなる。長門をやり過ごした後は、潮流が複雑で、小島の多い瀬戸内海の航路は避けて、屋島城のない山陽道をまっすぐに、近江をめざせばいいだけである。唐軍は長安から高句麗までの長征に慣れている。山陽道など唐軍にすればわずかな距離といえよう。また、よしんば、日本の山城を攻めなければならない事態になったとしても、高句麗の厳しい山城に比べれば、にわか造りで、兵力のさほどない朝鮮式山城など、突破するのに痛痒《つうよう》を感じなかったかもしれない。

各地に点々とある山城は、防御的にはほとんど効力がない。むしろ、筑紫の沿岸部に集中的に防塁を築く方が効果的である。こうしたことは特別な軍事知識がなくても理のしからしむるところである。

もっとも最近の概説書である『全集　日本の歴史　第３巻　律令国家と万葉びと』（前出）で、鐘江宏之氏は、

大陸からの追撃を恐れた倭《わ》は、筑紫《つくし》に大宰府《だざいふ》を築いてここを拠点に防衛線を張る。対馬《つしま》から九州北部、瀬戸内海沿岸、さらに大和《やまと》の西にある生駒《いこま》山地の高安城《たかやすじょう》や近江《おうみ》の三尾《みお》城まで、朝鮮半島から畿内・近江を結ぶ間に点々と分布する朝鮮式山城《やまじろ》は、旧百済《くだら》から日本に身を寄せた人々の協力を得て造営された。緊急時に逃げ込むための城と考えてよいだろう。朝鮮三国では山城をつくる技術が発達しており、倭では百済からの技術者の知識・技術を利用して、防衛線を築いていった。（七七〜七八頁）

と説明する。まず、大宰府を築いて拠点とするというのが問題である。天智朝の段階では、倉住氏が論じているように、筑紫大宰の内陸部への移転はあっても、それはまだ大宰府ではなかった。「白村江の敗戦を契機として筑紫大宰には新しい任務が課せられ、そして駐在地も変更された。これをもって大宰府の成立とみなされることが少なくないが、（中略）それには従いがたい」として、「浄御原令の制定に伴っていわゆる大宰府制が施行され、筑紫大宰府はその一環として

成立した」（以上、「大宰府成立までの経過と背景」）とする倉住氏の見解に賛同する。

次に、朝鮮式山城が「旧百済から日本に身を寄せた人々の協力を得て造営された」という部分も、確たる史料的根拠はない。築かれた山城が朝鮮式であるから、設計に百済人が携わったことは間違いないであろうが、造営そのものに百済人が関与したかどうかは何を根拠にしているのであろうか。

そして、繰り返しになるが、「緊急時に逃げ込むための城」というのは、どのような役割を果たすのであろうか。籠城《ろうじょう》戦というのは、味方の勢力が救援に来ることが前提である。救援軍が来れば、城を取り巻いている敵の軍勢を城の中からと外からの両方から攻めることができる。他方、攻城戦は攻める側が、救援軍が到着するまでに城を落とさなければ、挟み撃ちに合う危険性があるので、急いで城を落とさなければならない、というのが一般的である。

しかし、自軍が近づけば山城に逃げ込むだけの敵は怖くない。無視して通過すればいいだけである。天智朝においては、救援軍も見込めないわけだから、山城に逃げ込むことに戦略的な意味はない。まして、逃げ込む行為が「防衛」とはいえない。そして、もし地域住民が多く逃げ込むという事態が生まれたならば、それは軍事的には失敗である。城内の食糧は多くの住民に食べつくされ、兵士に回る分がそれだけ減少し、籠城できる日時も短くなるからである。

こうした文献史学に対して、考古学の方面から現実に即した批判が出ている。赤司善彦氏は「岡山例会第六回シンポジウム　激動の七世紀と古代山城——鬼ノ城をめぐる新視点」の中で、古代山城は主要な軍事施設ではないだろうと思っておりました。兵士が常駐するような砦というのは平地にあって、いざ有事のときの逃げ城という言い方もあるんでしょうけれども、倉もありませんし何も蓄えられていないということで、本当に逃げてそこで籠城することができるのかなという思いはあります。立地からいいますと、「烽火」などの通信施設としての意義というのも非常に高かったんじゃないかなと思っています。山城イコール軍事の拠点というのはちょっと当たらないんじゃないかなという気もいたしております。（八三頁）

と述べている。まさに赤司氏の述べるとおりである。軍事施設としての山城を日本各地に築くことにはなんの意味もない。国と国の戦争において、首都が陥落し、王家が滅ぼされれば、他は放置しておいても問題はない。そのことは前述したように、六六〇年の百済滅亡によって、天智たちも熟知していたはずである。復興軍が成立したとしても、百済を復興させることに失敗したのは、自らが経験したことである。

国の存亡をかけた戦争は、最前線でくい止めるか、首都防衛を徹底するかのどちらかの戦略を選ぶのが常道である。まして「逃げ城」というのは、野盗などが一時的に襲ってきた時の避難場所にすぎず、国家レベルの戦争では、まわりに味方の出城がいくつも存在していない限り効力を発揮できない。そのようなものが十にも満たない程度の数あったとしても戦略的にはほとんど意味がない。歴史家はもっと戦争というものを現実を踏まえて考察する必要があろう。

朝鮮式山城が対馬から瀬戸内海経路で大和まで点々と設けられた意味は、今のところ赤司氏が主張するように、「通信施設」としての意味しか考えられない。大和朝廷には、すでになんらかの通信網があったであろうから、新たに設けられたこれらの「通信施設」の役割も持つ朝鮮式山城は、前述したように唐軍のために設けられたものと考えるのが自然であろう。唐としては、日本側にどのような「通信施設」があったとしても、それを使うよりは新たに自分たちが使い慣れた施設を建築するほうが安心できる。それも日本人に作らせるよりは、百済にある山城と同じ構造の山城の方が、勝手がわかっている。ということで百済人に設計・指導をさせるということになったのではなかろうか。

対馬の金田城

それは、この時期に対馬に城が築城されたことからも推察される。

対馬には天智三年（六六四）に「防《さきもり》と烽《とぶひ》」が設置されている。通信施設としてはこれで十分である。にもかかわらず、さらに天智六年に金田城が築かれたのである。つまり、金田城は通信施設以上の役割があったということになる。

そのことを考察するためには、天智四年九月二十三日の劉徳高の来日記事を見る必要がある。

写真3-3　金田城からの遠景

彼ら二百五十四人は、「七月二十八日に、対馬に至り、九月二十日に筑紫に至る」という経路で日本に上陸している。つまり、対馬を中継地として利用しているのである。釜山《プサン》から対馬の北端の鰐浦《わにうら》まで直線で四十九・五キロメートル。烽はじゅうぶんに見ることができる。現在でも、天気が良い日は、対馬から釜山の夜景が眺められる。この対馬の鰐浦から博多までは逆に百四十五キロメートルで、実はこちらの方が距離は三倍近く遠い。

たんなる通信だけならば、烽でじゅうぶんであるが、熊津都督府は対馬が位置的に朝鮮半島南部と筑紫を結ぶ中継地点として重要であることを知った。そこで、対馬に中継基地を建設しようというのが、天智六年の金田城の築造記事であろう。朝鮮式山城は、赤司氏が指摘した通信施設という役割と同時に、一時的に唐軍が駐屯できる施設も兼ね備えていた可能性を考える必要があろう。

ただし、発掘調査ではそのような施設は見つからないかもしれない。なぜなら、何度もいうように唐軍は日本への羈縻政策を中断してしまうからである。大野城などのように、唐軍が撤退した後も、日本国家によって大宰府の関連施設として再利用されれば遺跡として残るが、それ以外はむずかしいであろう。

永留久恵氏によると、

> もし韓国南辺から対馬をうかがう事があるとすれば、それはおそらく浅海を目指して来ると予想されたにちがいない。この内海部に対馬の中心があり、ことに金田城築城当時の国府が雞知にあったとすれば、城山はその前面の防塞という形になる。山の天険に拠り、城塞を築くのに恰好の条件を備えた山ということができる。浅海湾口から巨済島までの距離六十数キロメートル。湾口から城山まで概ね六キロメートル、城山から雞知までが概ね六キロメートルという状況で、この山が選択された理由がわかる。（「対馬「金田城」考」）

とあり、さらに、

> また城山の頂上には展望が利き、遠く上県《かみあがた》の連山を望むことができる。これは島内を南北に走る烽火線の一角として、警報をいち早く知るうえに好適の条件を備えているわけで、この山頂に火立隅の名があることは、この烽火線と金田城を結ぶものと解される。

ともある。このような金田城の立地条件は、情報伝達を中心に据えた前衛施設であって、軍事施設とはいいがたい。たしかに金田城は黒瀬湾に張り出した山の上にあり、攻めにくい場所にあるが、金田城が、日本が築城した軍事施設だとしても、唐軍としては、ここを攻めなければならない必然性はない。対馬の他の場所に着岸して、それから筑紫に渡海すればいいだけである。ここに強力な水軍が編成されているならば別であるが、そうした雰囲気は『日本書紀』からは感じられない。

金田城を軍事目的で築城した山城と理解することはむずかしいと考える。

泰山の封禅の儀

天智四年（六六五）の出来事として、注目すべきことが他にもある。それは『旧唐書《くとうじょ》』巻八四・列伝三四・劉仁軌の麟徳二年（六六五）の記事に見える儀式である。

麟徳二年に、泰山《たいざん》に封《ふう》ず。仁軌、新羅及《およ》び百済・耽羅《たんら》・倭の四国の酋長《しゅうちょう》を領《ひき》ゐて赴《おもむ》き会《かい》す。高宗、甚だ悦ぶ。擢《ひきぬ》きて大司憲《だいしけん》に拝《はい》せしむ。

とある。劉仁軌が新羅・百済・耽羅・倭国の代表者を引き連れて海路を経て唐に渡り、唐・高宗の泰山封禅《たいざんほうぜん》に参席させている。唐の高宗はこれを悦び、劉仁軌を大司憲に任じている。このことは、『冊府元亀《さつぷげんき》』巻九八一・外臣部二六・盟誓にも、

是《ここ》において、仁軌、新羅・百済・耽羅・倭人の四国の使《つかい》を領《ひき》ゐ、浮海西還《ふかいせいかん》し、以《もち》て太山《たいざん》の下《もと》に赴く。

とある。しかし、『資治通鑑《しじつがん》』巻二〇一・唐紀一七・高宗麟徳二年（六六五）七月条を見ると、

熊津都尉《とい》扶余隆《プヨユン》と新羅王法敏《ポンミン》とに上命して旧怨を釈《と》き去らしむ。八月の壬子《じんし》に、熊津城にて同盟せしむ。劉仁軌、新羅・百済・耽羅・倭国の使者を以《もっ》て浮海西還せしめ、〔耽羅国、一に儋羅《たんら》と曰《い》ふ。新羅武州の南島上に居《あ》り、初め百済に附《つ》き、後に新羅に附く。〕泰山《たいざん》に会祠《かいし》せしむ。高麗もまた太子福男《ボクナム》を遣し来たり侍祠《じし》す。

とあり、『資治通鑑』の記事が一番詳しい。これによると、泰山封禅《ほうぜん》には高句麗の福男も参加している。

泰山の封禅の儀であるが、まず、泰山は中国山東省《さんとん》の泰安県《たいあん》の北にある山で、秦《しん》・漢《かん》の時代から皇帝が封禅の儀式を行った場所である。そして封禅の儀とは、山上に土壇《どだん》を作って天を祀《まつ》り

（封）、山の下で地を祓《はら》い浄《きよ》めて山川を祀る（禅）儀式のことで、天子が天下太平を天に報ずる儀式である。この儀式を行った唐代の皇帝は高宗と玄宗の二人だけである。

問題は、泰山封禅に参加する前に、新羅・百済・耽羅・倭国の四か国の使者が熊津城で「同盟」していることである。この四か国を率いての劉仁軌の行動について、池内宏は『満鮮史研究上世　第二冊』（前出）において、

麟徳二年八月、就利山に於いて新羅と百済とに和親を誓はしめた劉仁軌は、新羅・百済・耽羅・倭四国の人を率ゐて本国に還り、泰山に赴いて「古来帝王封禅、未有若斯之盛者也」といはれた此の儀に臨んだのである。さうして特に四国の人を伴つたのは、大国の盛んなる有様を彼に目撃せしめる為めであつたのであらう。去る龍朔三年の白江の戦を敍べた旧唐書劉仁軌伝の文に、「倭衆并耽羅国使、一時並降」とある。泰山に赴いた耽羅及び倭人の使といふのは、其の後ちこれ等の輩の熊津に留められてゐたものではあるまいかと思はれる。（一七七～一七八頁）

と述べる。池内は、就利山《チイサン》（忠清南道公州郡牛城面新熊里鷲尾山）の会盟と、泰山封禅を別の出来事としており、関連性を特には述べていない。しかし、「新羅本紀」第六・文武王五年（六六五）八月条に、

> 秋八月に、王、勅使の劉仁願・熊津都督扶餘隆と熊津《ウンジン》の就利山《チイサン》に盟《めい》す。初《はじ》め百済、扶余璋《プヨジャン》より高句麗《コグリヨ》と連和し、屢々《しばしば》侵し、封場《くにざかい》を伐《う》つ。我、使を遣して入朝し、救《たすけ》を求め、路《みち》に相ひ望まん。及《すなわ》ち蘇定方《そていほう》、既に百済を平《たいら》げ、軍廻《めぐ》らば、余衆また叛す。王、鎮守使劉仁願・劉仁軌等と経略すること数年にして漸《ようや》く之を平《たいら》ぐ。高宗、扶余隆に詔して、余衆を帰撫《きぶ》せしめ、我と和好《わこう》せしむ。是《ここ》に至り、白馬を刑《つみ》して盟す。（中略）
> 是《ここ》に於《お》いて、仁軌、我が使者と百済・耽羅・倭人の四国の使を領《ひきい》て、海に浮《うか》び西に還《かえ》りぬ。以て会して泰山を祠《まつ》る。

とあることから、劉仁願が新羅の文武王《ムンムワン》（在位六六一―六八一）と旧百済王家の扶余隆《プヨユン》を会盟させ、劉仁軌がそこに耽羅と日本の二国も同席させ、その会盟が終了してから、四か国の使者を泰山の封禅の儀に参加させた経緯がわかる。

『資治通鑑』の「福男《ボクナム》」とは、宝蔵王（在位六四二―六六八）の子の男福《ナムボク》のことである。つまり、劉仁軌が連れてきた四か国の使者とは別に高句麗からも男福が出席し、これで東アジアの五か国が高宗の封禅の儀式を祝うために駆けつけたことになる。高宗が「甚悦」だったのも肯《うなず》ける。

この封禅の儀式への参加については、鈴木靖民氏が「百済救援の役後の日唐交渉」で詳しく論じている。

この封禅の儀参加の意義は、劉仁軌もしくは中国王朝の側からすれば、百済滅亡以来の朝鮮における動乱において同盟してともに戦った新羅のみならず、独自に百済およびそれに組して中国に対立する立場をとった「倭」の使人を従駕させ、国力示威の場に臨席させたことは、中国の権威を高めるのみでなく、以後の対朝鮮政策を遂行するためにも有意義なことであったに違いない。

鈴木氏の麟徳二年の封禅の儀に対する評価はまさに的を射たものといえよう。鈴木氏は『冊府元亀』帝王部三六・封禅二の記事などを調べ、高宗が文武百官・兵士および儀仗《ぎじょう》の品々を従え行列を進め、突厥《とっけつ》・于闐《うてん》・波斯《はし》・天竺《てんじく》国・罽賓《けいひん》・烏萇《うじょう》・崑崙《こんろん》・倭国・新羅・百済・高句麗等の諸蕃の「酋長」がその行列に従ったことを紹介している。まさに唐が東アジアに君臨していることを諸国に喧伝するための儀式であった。

守君大石

鈴木氏は、この封禅の儀式に参加した倭国の使者は百済救援に向かった将軍の一人である守《もりの》君《きみ》大石《おおいわ》ではないかという疑問を捨てきれないでいる。大石については、天智四年（六六五）是歳条に「小錦《しょうきん》守君大石等を大唐《もろこし》に遣《つかわ》す」とあり、本文注に「蓋《けだ》し唐使人《もろこしのつかい》を送れるか」とあり、同年九月に来日し、十二月に帰国した唐の使人劉徳高の送使として考えられている。

しかし、今のところ、この鈴木氏の疑念は否定されている。それは、時間的な問題があるからである。わかりやすくするために、この時期の出来事を年表的に記す。

七月二十八日　劉徳高等、対馬に到着。
八月　就利山《チイサン》で、文武王と扶余隆が会盟し、耽羅・日本も参加。その後、唐に向かい、封禅《ほうぜん》の儀に参加。
九月　二十日　劉徳高等、筑紫に到着。
九月二十二日　劉徳高等が表函を進上する。
十月　高宗が封禅の行列を開始。
十一月十三日　劉徳高を饗宴する。
十二月十四日　劉徳高に賜物あり。
十二月　劉徳高、帰国。
是歳　守君大石等を唐に派遣。
一月　高宗、泰山で封禅の儀式。

鈴木氏も、「大石らの派遣時は十二月十四日以降のことである。大石らが劉徳高らの来朝とかかわりなく、それ以前に出発したというならともかくも、おそらく随伴して渡海したものならば、到底劉仁軌に率いられた使ということはできないのである」(前掲論文)と、可能性の低いことを自ら認めている。鄭孝雲氏は、「白村江の戦い後の対外関係——第五次遣唐使の派遣目的と関連して」で、劉徳高と守君大石の行動を別のものとする見解を示している。鄭氏は、

劉徳高らの筑紫到着の事実は、泰山封禅への倭使派遣要求を受諾した結果行われたことを意味すると思われる。(中略)守君大石らの派遣は封禅参加への受諾と同時に劉徳高らへの饗応に併行して別箇に行われ、劉仁軌が出発する前に熊津府城に着き、ともに泰山に向かった(『新羅本紀』)と見るのが矛盾ないと思う。

と述べる。鄭氏は、劉徳高の来日目的を泰山封禅への参加要求と確定し、その要望が受け入れられた以上、参加使節団はかならず送られているはずで、前後の関係から守君大石たち以外にありえない、という考えである。

そもそも、『日本書紀』の記述は、守君大石たちの派遣を「是歳《このとし》」としか記していない。そして、大石たちが劉徳高の送使ではないかという「注」はあくまで書紀編者の注にすぎない。それ

が事実とはかんたんにはいえない。鈴木氏は、書紀の注に従って、大石たちの出発を天智四年十二月十四日以降と考えてしまった。しかし、書紀編者は「是歳」として明記を避けているのである。そうした書紀編者のレトリックこそが怪しむべきである。

むしろ守君大石という人物に注目すべきであろう。鈴木氏は、みずから「大使格の守君大石が僅か数年前、百済救援のため阿倍引田比邏夫などとともに将軍として出兵している事実」（前掲論文）は看過《かんか》できないと指摘している。守君大石は、天智即位前紀八月に前後二軍編成で百済救援に出かけた将軍の数少ない生き残りの一人であった。彼自身はその時、「後将軍」であった。

彼がいかにしてあの白村江の戦場から生きて帰って来られたかは、まったく不明である。激戦の中、まさに「運よく」としか言いようがないであろう。多くの仲間を失い、同じ将軍たちが目の前で死んでいったのを守君大石は見てきた。同朋《どうぼう》の血で真っ赤に染まった白村江の海は、彼にとってけっして忘れることのできない情景だったであろう。

就利山の会盟

数少ない生き残り将軍である守君大石が果たすべき役割、果たさなければならない役割とはなにか。それは敗戦処理の調印ではないだろうか。鈴木氏は、「かつての百済の役の将軍をわざわざ派遣することは、当然百済問題に関する折衝のため」（「百済救援の役後の日唐交渉」）と述べるが、そこには百済の権益に日本が微妙に絡《から》むようなニュアンスがある。そして、あくまで日本がまだ唐軍を防衛し、軍事力を発揮する余地があるかのような基本的な思考法がある。だが、現実に白村江で戦い、大敗を喫した大石に、果たしてそのような気持ちがあったであろうか。

彼が出かけるべき主目的は、敗戦処理の調印であり、それが行われる就利山での会盟である。封禅の儀式はその仕上げでしかないはずである。

鄭氏は天智三年（六六四）の郭務悰の来日の目的を「対高句麗政策の一環として文武王と扶余隆の会盟に倭王の参加を要求すること」にあったとし、天智四年の劉徳高の来日目的は、「唐高宗の封禅儀式への倭使の参加要求」にあったとする（前掲論文）。たしかに『日本書紀』の記述を時間的に捉えると、鄭氏の論じるような可能性は高いと思える。しかし、「倭王」である天智がどちらにも参加していないことをどのように理解すればよいかという問題がある。唐の皇帝が「倭王」の参加を求めているのに、それに逆らうことが敗戦国の日本に可能だったであろうか。日本側の拒否は、高宗に恥をかかせることとなる。前線将軍の劉仁願や劉仁軌がそのような失態を黙視できたであろうか。

戦勝国唐の皇帝が、敗戦国の日本に自分の要請を無視されるということは許されざることである。この単純な真理を無視して、日本に都合のよい解釈を試みようとすることは、戦争の歴史から学ぶべきものを見失うことになるのではなかろうか。

四万二千人の兵士全員が死亡したわけではないであろうが、その多くが帰らぬ人となった。当時の一家族の構成人数を平均十人とすると、約四十万の人々が敗戦の悲しみを味わったことになる。天智朝は、この人々の悲しみの中で敗戦処理のための外交を展開していたことを忘れてはならない。

写真3-4　慶州・誓願門内にある武烈王・文武王・金庾信事績碑

鈴木氏も鄭氏も、劉仁軌の「倭人遠しと雖も、また相影響す」（『旧唐書』）という言葉を取り上げて、高句麗と日本の連携を恐れて、唐が対高句麗戦略の中に日本を組み入れていると考えている。しかし劉仁軌の言葉はあくまで皇帝に対するレトリックである。それほど影響力のある日本を、自分が熊津都督府で羈縻政策下に統制していることのアピールであろう。

『日本書紀』は基本史料で重視しなければならないが、かといってその記述をそのまま信じて、時間経過も記述どおりと捉えるのはむしろ危険である。そもそも守君大石の派遣記事は「是歳」であって、天智四年のいつとは明記していない。我々が勝手に「注記」に注目して、劉徳高の来日と絡めて考えているだけである。むしろ、

天智二年　八月　白村江の戦
天智二年　九月　百済復興軍の敗戦。引揚船が日本に向かう
天智三年　五月　郭務悰来日
天智三年十二月　郭務悰帰国
天智四年　八月　就利山の会盟
天智四年　九月　劉徳高来日

という流れを見直すと、一回目の天智三年五月の郭務悰の来日の際に、敗戦処理の調印式の通達が行われ、翌四年八月の就利山の会盟に参加すべく守君大石が派遣されていたと考える方が歴史の流れとして自然である。そして、そこでの調印が無事に終われば、日本も高宗の封禅儀式に参加を許されるということも郭務悰から伝えられていたであろう。

つまり、就利山の会盟は、たんに新羅王と百済王家の和親のために行われたものではなかったのである。これは唐に都合のよい政策で、百済王家との和親を表面に打ちだしながら、実質的には新羅・文武王に扶余隆の熊津都督就任を認めさせる会盟であった。そのことによって唐の旧百済領における羈縻《きび》体制が整うことになる。それゆえ、唐主導の政略に乗りたくない文武王は過去のいきさつを理由に会盟を嫌がっていたのである。

そして、日本と耽羅もたんなる列席国ではなく、ここにおいて唐の羈縻政策への参加、ようは

両国が唐の羈縻体制に入ることを調印させられる会盟だったと考えられる。耽羅が百済戦役に関わっていたことはすでに指摘がある。

戦争には始まりがあれば終わりがある。終わりのない戦争もあるが、それは常に戦時体制を必要とする。隋が高句麗遠征を始めてから、唐が終了させるまで、中国と高句麗の関係は、常に緊張関係が続いていた。ある時は、高句麗が下手《したて》に出る外交で懐柔策を試み、ある時は武力で強気に出る。そして、中断を挟みながら、戦闘が繰り返されるという状況であった。

この状態は双方ともに国力を疲弊させる。その間に、第三国が力を付ければ漁夫の利を得てしまえる状況なのである。そこで、唐の太宗李世民《りせいみん》は、まずじゅうぶんな国力を付けてから本腰を入れて高句麗征討を計画した。しかし、それでもなかなか成功しない間に、次世代の高宗の世になってしまったのである。

ひるがえって日本の場合を考えなければならない。日本は中国とは地続きではない。その分、いきなり軍隊に急襲されることはない。かならず相手が船団を繰り出して来る間に臨戦態勢を整えることができる。しかし、その一方で、四面海に囲まれているので、敵がどこから上陸してくるかわからない。複数の上陸地に対応すると、一か所の軍備が手薄《てうす》となる。攻めるにしても守るにしても、海というのは最大の防壁であった。この防壁を利用して、極力、外交で済ませるのが得策だったのである。

しかるに百済復興軍への救援を行い、敗戦してしまった。いくら海という防壁があるからといって、白村江の敗戦をなかったことにして、新たな外交を展開することはできない。敗戦の責任を相手国に対して取らなければ、国家として相手にされなくなる。

戦争とはなぜ起こるのか。防衛戦争以外は、相手から何かを奪うためである。奪うものは領土であったり、食糧だったり、奴隷としての人間だったりとさまざまであろう。いずれにしても何かを奪うために戦争が行われるのは真理であろう。そして、勝った側も戦争には多くの物資を投入しなければならない。まず兵士、そして武器、兵粮《ひょうろう》としての食糧、手柄を立てた兵士への恩賞、等々である。まずこれだけの投入物資を取り返し、さらに勝者としての取り分を要求してくるのが常套《じょうとう》である。

しかるに、『日本書紀』にはこのような敗戦処理を日本側が行ったような記事は見当たらない。そのためにこれまでの歴史学者は、白村江の敗戦後の問題について、戦争という厳しい現実を見据えていない論を展開してきている。『日本書紀』に記事がないことは、史実がないこととイコールではない。書紀編者が、日本にとって都合の悪いことを記載しなかった可能性は大いにある。戦争が起これば、勝っても負けても戦後処理は行われるのである。戦後処理のない戦争など歴史上存在しないはずである。

唐は白村江で勝利しても、日本からは何も得ていなかった。百済については羈縻政策を展開しつつあった。次は日本をどうするかである。その話し合いの場が必要であった。それが就利山《チイサン》の会盟だったのではないであろうか。

大友王子の派遣

中国側の史料に、封禅の儀式に参加した人々が、各国の「酋長《しゆうちょう》」と書かれていたことにお気づきであろうか。たとえば、高句麗は宝蔵王ではないが、その息子の男福《ナムボク》が出席している。どの国も、王自身が出かけていくことはむずかしい。まして、朝鮮三国と日本は戦後・戦中の緊張状態の中にある。王に代わる人物が、封禅の儀式に参加したというのが実情であろう。

日本から参加したのが守君大石だけでは「酋長」というにはふさわしくない。「酋長」は本来、国王のことであろうから、国王ではなければ、それに準ずる地位の人物でなければおかしい。天智が参加しているとは考えられないから、天智に準ずる人物といえば、大海人王子《おおあまのみこ》か大友王子《おおとものみこ》である。どちらも可能性はあるが、大海人が那津宮にいたという確証はない。それに対して、大友王子はおそらく那津宮にいた可能性がある。

それは、奈良時代の漢詩集『懐風藻《かいふうそう》』（七五一年成立）に、

皇太子は、淡海帝《おうみのみかど》の長子《ちようし》なり。魁岸奇偉《かいがんきい》、風範弘深《ふうはんこうしん》、眼中精耀《がんちゆうせいよう》、顧盼煒燁《こべんゐよう》。唐使《とうし》劉徳高、見て異《あや》しびて曰《い》はく、「此《こ》の皇子《みこ》、風骨《ふうこつ》世間の人に似《に》ず、実《まこと》に此《こ》の国の分《ぶん》に非《あら》ず」といふ。

図3-4　大友王子像（法傳寺蔵）

とあるからである。劉徳高が大友王子の人相をみて、「此《こ》の国の分に非《あら》ず」つまり、日本の枠に収まる人ではないと観相《かんそう》したというのである。つまり、大友は劉徳高と会って、観相してもらっているのだ。

　大友王子がどこで劉徳高と対面したのかが問題である。就利山の会盟が天智四年（六六五）八月で、劉徳高の来日は同年九月。もし、大友王子が筑紫で劉徳高に初めて会ったとしたならば、大友王子は就利山の会盟に出席できないことになる。高宗の封禅の儀式に参加した使者は、就利山の会盟に参加した後、そのまま劉仁軌に引き連れて行かれたようであるから、もし、大友王子が封禅の儀式に参加していれば、就利山の会盟にも出ていなければ矛盾が生じる。

　他方、劉徳高の来日には、郭務悰も同行している。郭務悰は熊津都督府の官人と考えられるから、劉徳高はいったん熊津都督府に立ち寄り、そこで日本の情報を得てから、郭務悰達を引き連れて来日したと考えられる。大友王子が就利山の会盟と泰山の封禅儀式の両方に参加して、かつ劉徳高とも対面することができるのは、ここ熊津都督府で二人が会った場合だけである。

とすると、次のような経緯が推定できるのではなかろうか。

天智三年五月に郭務悰が来日し、戦後処理に関する唐軍側の意向を伝え、翌年八月の就利山での会盟において五か国の戦後協定を結ぶから代表者を出席させるよう指示して十二月に帰国する。天智朝では、泰山封禅の儀式への参加を見越して天智の息子・大友王子を選び、天智四年に熊津都督府へ送り出す。その際に、事情に詳しい、唯一の戦場経験者の守君大石を添え役として付ける。大友王子と守君大石は七月中に熊津都督府に到着し、劉徳高に会う。そのあとすぐに劉徳高は日本に向かい、七月二十八日には対馬に到着。他方、大友王子たちは八月に、就利山の会盟に参加する。さらに一行は劉仁軌に引率されて泰山に向かい、高宗の封禅の儀式に参加した。

もちろん、史料的には『懐風藻』の断片的な記録しかなく、それ以外は状況証拠だけであり、想像の域を越えないが、じゅうぶんあり得ることだと考える。『日本書紀』は大友王子を倒した天武が編纂を命じた史書であるから、極力、大友王子関係の記事は削除されている可能性もある。まして、日本が唐に屈したということが明らかになる記事は、完全に削除されている。そうしたことを勘案しながら『日本書紀』を読む必要がある。

耽羅

ここで耽羅《たんら》について少し調べておきたい。

鈴木靖民氏は、『旧唐書』巻八四・列伝三四・劉仁軌伝に「倭衆并耽羅国使、一時並降」とあることから、「竜朔三年の時点で耽羅もまたこの戦に関係をもっていたことは明瞭である」（前掲論文）と述べる。鈴木氏の指摘する劉仁軌伝の箇所を見ると、

> 余豊、身を脱して走《にげ》る。其《そ》の宝剣を獲《え》る。偽王子扶余《プヨ》忠勝《チュンスン》・忠志《チュンジ》等、士女及び倭衆幷《なら》びに耽羅国使を率ゐて、一時《いっとき》にみな降る。百済の諸城も皆また帰順す。賊の帥《おさ》遅受信《チスシン》、任存城《イムソン》に拠《よ》り降《ふ》らず。

とある。これは、白村江の敗戦直後の状況を記した文章である。日本から帰国し百済王となった余豊璋《ヨプンジャン》は単身、脱出し、王子の余忠勝《ヨチュンスン》・忠志《チュンジ》たちが、残りの兵士と百済の女性、日本軍の兵と耽羅国の使者を引き連れて降伏してきたという。そのほかの百済の諸城も帰順し、ただひとり遅受信《チスシン》だけが任存城《イムソン》に拠って抵抗を続けていた、という記事である。

　これによると、耽羅は兵を出して百済復興軍に協力したわけではなさそうである。ただ、これまでの誼《よしみ》から、使者を派遣して、復興軍との関係を維持していたようである。『資治通鑑』の耽羅の注記に、「初め百済に附き、後に新羅に附く」とあることから考えると、六六〇年の百済滅亡までは、耽羅は百済に属していたが、以後は新羅と協調したのであろう。とすると、白村江の戦の時に、耽羅の使者が復興軍の陣にいたのは、やはり軍に味方するというよりは、やむを得な

い義理で使者だけ派遣していたのかもしれない。

森公章氏は、「古代耽羅の歴史と日本」において、諸史料を検討した結果、「百済の役では耽羅は日本とともに唐・新羅連合軍と戦った」（二五一頁）と考えている。耽羅は現在の済州島《チェジュド》である。済州島は朝鮮半島の西南端から南に約九十キロメートル離れた島である。本来、火山島で農耕に適した土地も少なく、海岸線も厳しい岩礁が多い。現在はみかんなどの柑橘類の産地として有名であるが、独立性には乏しく、隣接地域との交流は常に重要だったと考えられる。このような小さな島が、百済や新羅に服属を強いられるのはやむを得ないことであろう。小国は大国に従属するのがいちばん安定するからである。その耽羅が最大の大国・唐と戦うであろうか。朝鮮三国や日本は本来、独立国である。それゆえ、自国の独立を守るために大国とも戦うことはあるであろう。しかし、もとからどこかの国に所属している耽羅が唐と戦う必然性はない。あるとすれば、所属していた主体国への義理だけであろう。

今回の戦争には加わらなかったものの、唐は耽羅を見過ごさなかったことは注目すべきである。唐が百済領の支配を整備し、日本に通行する際に通り道となる耽羅を就利山《チイサン》の会盟に参加させているのは、この際、唐に帰属するかどうかを明瞭にさせるためであったと考えられる。耽羅は、一国で唐に抗することは不可能であるから、調印に同意せざるを得なかったのであろう。このことは、唐の羈縻体制が半島を越えて済州島にまで及んだことを意味する。

森氏は、『旧唐書』劉仁軌伝の「耽羅国使」という表現から、「あるいは耽羅は正式に唐に降伏

写真3-5　済州島海岸

していたとも憶測され」（前掲論文、二五三頁）ると述べる。しかし、「扶余忠勝・忠志等、士女及び倭衆幷に耽羅国使を率ゐて、一時にみな降る」という文意から考えて、復興軍と日本軍の残存兵と、偶然居合わせた耽羅国使ともに、みな一斉に降伏している。降伏に正式も非公式もないであろう。むしろ耽羅国使とともに「倭衆」が降伏していることこそが重要である。

そして、当然のことながら、敗戦国日本は、熊津の就利山の会盟で、敗戦を認め、降伏の意思を明確にし、唐の羈縻体制下に入ることを正式に承認したであろう。もし、その承認がなされなければ、唐からは軍が派遣され、対日戦争が継続されることになる。使者として派遣された大友王子と守君大石は、その承認を委任されたかたちで日本を発ったはずである。

興味深いのは、天智四年八月に達率答㶱春《とうほんしゅん》初《そ》たちに、山城を長門国と筑紫国（大野城・基肄城）に築かせた時に、耽羅が使を派遣してきていることである。この二か所三城は、すでに見たように、郭務悰が熊津都督府との中継基地として築かせたものと考えられる。この中継基地の築城に耽羅もなんらかの関わりがあったのであろうか。

その後、耽羅は天智五年正月十一日、同六年七月一日、同八年三月十一日の三回の来朝記事がある。しかし、どれも短文で使者の派遣が記されているだけで、なんのために来朝したかは記述されていない。しかも日本からは送使も派遣されていない。一方的に耽羅から使者がやってくるだけである。

森氏は、「まだ直接的な脅威は耽羅に及ばず、むしろ漠然とした不安の下に日本に遣使して、独立の後ろ楯を求めたのではないか」(前掲論文、二五八頁)と推測するが、それは考えにくいであろう。日本に遣使しても不安は拭えない。むしろ唐に頻繁に遣使して恭順の意を表すほうが得策であろう。また、敗戦後の外交に追われている日本が、他国の独立になんらかの手助けができるとも思えない。

強いて推測するに、『日本書紀』には記されていないが、那津宮からは使者が耽羅に派遣されており、情報交換が行われていたのかもしれない。ただ、それを記録すると、当時の日本と唐の関係が如実になるため、『日本書紀』はそうした記事を削ったのかもしれない。ともかく一方的な通行はありえないであろう。

唐の周辺国家支配方式

さて、唐の羈縻政策について、これまで何度も論じてきたが、改めて唐による周辺国家の支配方式を確認しておきたい。唐の羈縻政策は朝鮮半島だけではなく、広く展開された。栗原益男氏は、高昌国《こうしょう》（トルファン）に対する唐の羈縻支配について、六四〇年八月に麴《きく》氏支配の高昌国を滅ぼし、同年九月にはこの地を西州として安西都護府を設置したうえで、「唐は高昌国時代の三郡五県の郡県制を一州五県に改め、その下部の郷里制をも施行し」（「七、八世紀の東アジア」）たことを明らかにしている。

栗原氏によると、高昌国はもともと漢民族が居住する国であり、郡県制も施行されており、「自立的な個別小農民層の成立が想定される農耕社会」（前掲論文）であったため、羈縻支配ではなく、唐の直接的律令支配下におかれた。しかし、これは例外的なあり方であったとみられる。

高昌国については、西村元佑氏も「東トルキスタン（西州）における唐の直轄支配と均田制──貞観一四年九月安苦咖延手実と貞観年中巡撫高昌詔の意義を中心として」において、

旧高昌国の上層部を当地から切りはなして長安に拉致するが、当地に残留を許された中層以下の旧官人・首望等を唐の州県制下に管領し、かれらが唐の支配に誠節を尽し法制を勤行するかぎり、かれらの安寧を保障するというもので、この段階ではまだ具体的にどのような処

置をとるとは述べていないが、これが一年余を経過した貞観一六年正月の詔書では、（中略）撫慰の対象を百姓・僧尼・旧官人首望等に分け、官人等のうち新秩序の維持に役立つものには騎都尉以下の勲官を与えること、官田は旧官人首望や百姓に分給すること、その他流移逃亡者の免罪と付籍等、先の一四年詔に比べてはるかに具体的である。

と述べる。これは、唐が百済を滅ぼした際に、義慈王以下王子や貴族たちを長安に連行し、その罪を責めたのち許して、王子の扶余隆に司稼卿《しかけい》の官職を授け、さらに熊津都督府の統治に協力させた方式と同じである。

また、齊藤茂雄氏は、「唐代單于《ぜんう》都護府考――その所在と成立背景について」で、羈縻政策の特徴として、「集団の首長クラスを利用して服属した集団に対する間接統治を行い、さらに羈縻支配の最高統治機関として、都護府と呼ばれる施設を各地に設置した」と述べる。

そして、齊藤氏によれば、唐は貞観四年（六三〇）に突厥第一可汗《かかん》国を滅ぼし、貞観二十年（六四六）に漠北《ばくほく》トルコ系遊牧民・薛延陀汗国《せつえんだかんこく》を滅ぼすと、燕然都護府《えんぜんとごふ》を設置してモンゴリアの羈縻支配を開始した。さらに顕慶五年（六六〇）～龍朔三年（六六三）に起こった漠北トルコ系遊牧民・鐵勒《てつろく》の反乱を鎮めると、漠北に瀚海《かんかい》都護府を、漠南に雲中都護府を設置し、後に雲中都護府を單于大都護府と改称したという。

このように、唐は周辺国家を軍事的に滅ぼした後は、都護府や都督府を設置して羈縻支配を展開するという形をとり、服属する地域・国家を広げていった。突厥地域の羈縻支配が完了した後は、次に東北部の朝鮮三国を同じように羈縻支配下に置こうと考えたのは自然の勢いである。そして、おそらくはその羈縻支配方式を日本にも適用しようとしたであろうことは推測に難くない。

百済・高句麗の羈縻支配

唐が六六〇年に百済を滅ぼした後、どのような支配を展開しているかをもう少し詳しくみよう。『旧唐書』本紀第四・高宗上・顕慶五年八月条をみると、

八月の庚辰《こうしん》に、蘇定方《そていほう》等、百済を討《う》ち平《たいら》ぐ。其《そ》の王・扶余義慈《プヨウイジヤ》を面縛《めんばく》し、国を分《わ》けて五部、郡三十七、城二百、戸七十六万とし、以て其の地を分けて熊津《ウンジン》等の五都督府を置く。曲赦《キヨクサ》神丘《シンク》、禺夷道《ウイド》総管已下、天下に大酺《たいは》三日を賜ふ。

とあり、百済を占領統治するために、国土を五部に分けて、五都督府を置いている。占領地に都督府を置いて、そこを拠点に間接支配するというのが唐の常套手段であったことがわかる。『旧唐書』巻一九九上・列伝第一四九上・東夷・百済伝にはさらに詳しく、

顕徳五年に、左衛大将軍蘇定方《そていほう》に命じて、兵を統《ひき》ゐ之《これ》を討《う》たしめ、其《そ》の国を大破す。義慈《ウイジャ》及び太子隆《ユン》・小王孝演《ヒョヨン》・偽将五十八人等を虜《とりこ》にし、京師に送り、上責《じょうせき》して之を宥《ゆる》す。其の国は旧《も》と分かれて五部を為《な》し、郡三十七・城二百・戸七十六万を統《す》ぶ。是《ここ》に至り、乃《すなわ》ち其の地を以て、熊津《ウンジン》・馬韓《マハン》・東明《トンミョン》等の五都督を分置《ぶんち》し、各、州・県を統べしむ。其の酋渠《しゅうきょ》を立てて、都督・刺史《しし》及び県令《けんれい》と為《な》す。右衛郎将《うえいろうしょう》の王文度《おうぶんど》に命じて熊津都督と為《な》し、兵を総《ひき》ゐて以て之を鎮《しず》めせしむ。

とある。百済の国土は五部に分かれており、三十七郡・二百城・七十六万戸であったが、それぞれに都督を置いて、新たに設置した州・県を統治する方式を導入し、在地首長を引き立てて都督・刺史・県令として統治に協力させている。ただし軍事だけは右衛郎将の王文度に委任している。百済に設置された五都督府は、「百済本記」によると、「熊津・馬韓《マハン》・東明《トンミョン》・金漣《クムリョン》・徳安《ドクアン》」であった。これについて、鬼頭清明は『日本古代国家の形成と東アジア』において、

五都督府と五部、三十七郡と三十七州が数字の上で一致しているのは、唐の支配は名称を変えても、旧百済の在地支配構造はそのまま継承したことを示している。また、その官人にも

『旧唐書』百済伝に、

各統州県立其酋渠為都督刺史及県令命右衛郎将王文度為熊津都督

とあって、熊津都督以外は百済の現地勢力をそのまま編入することになっている。これも旧百済の支配体制を継承したものといえる。これは百済残存勢力に対する配慮からきたもので懐柔策と考えられる。（一四五頁）

と解説している。この時は、百済が滅んだといっても、実態としては、まだ義慈王たちのいた熊津城を陥落させただけで、他の諸城は無傷のものもあった。それゆえ、この段階で果たして五都督府が置けたのかどうか多少の疑問が残るが、高句麗征討を急ぐ唐としては、とりあえずの方針として五都督府を設定したのかもしれない。中心的存在である熊津都督府の初代都督には王文度が就任するが、後に扶余隆を任じて、鬼頭が述べるように懐柔策を展開している。

こうした方式は、高句麗に対しても同じであった。唐は、六六三年の白村江の戦の後、新羅の協力を得て、六六八年についに高句麗を滅ぼす。そして高句麗に対しても羈縻政策を実施する。『旧唐書』列伝第一四九上・東夷・高麗伝に、

高麗《こま》国は旧《もと》と分かれて五部を為《な》し、城百七十六、戸六十九万七千有《あ》り。乃《すなわ》ち其《そ》の地を分けて都督府九、州四十二、県一百を置く。また安東《アンドン》都護府を置き以て之を統《す》ぶ。其の酋渠《しゅうきょ》の功有《あ》る者を擢《えら》びて都督、刺史及び県令を授け、華人を参《はか》り百姓を理《おさ》める。乃《すなわ》ち左武衛将軍薛仁貴《せつじんき》を遣し、兵を總《ひき》ゐ之を鎮めしむ。其の後、頗《すこぶ》る逃散《ちょうさん》有り。

とある。高句麗は、もとは国土が五つの地域に分かれて、百七十六の城と六十九万七千戸の人口を有していた。その高句麗に九都督府を置き、四十二州、百県の地区を設定して統治したことが記されている。羈縻政策であるから、統治は在地の有力者の中から唐に対して功績のある者を選び、それぞれ都督・刺史・県令に任じている。

ここに登場する薛仁貴《せつじんき》は、『旧唐書』巻八三・列伝三三によれば、出身は絳州《こうしゅう》龍門県（山西省河津）。貞観の末年、太宗の高句麗征討軍に参加して、目立つ白衣を着て活躍したため、特別に引見され馬二匹・絹四十匹を賜わり、遊撃将軍に抜擢された。顕慶二年（六五七）にも高句麗征討に参加し、程名振《ていめいしん》の副将となって貴瑞《きずい》城を陥落させ、「斬首三千級《みしるし》」に及んでいる。乾封初年（六六六）にも高句麗征討の援軍として参戦し、勝ちに乗じて二千の兵で扶余城を陥落させ、その後、李勣《りせき》と合流して高句麗を降伏させている。その結果、右威衛大将軍・平陽郡公《へいようぐんこう》兼検校《けんけんきょう》安東都護《あんどんとご》に任じられている。薛仁貴の生涯は高句麗との戦いにあったといえよう。

栗原益男氏は、高句麗の場合は「高句麗の地方組織に必ずしも依拠せず、これと対応しない行政区画で内地の律令的地方統治機構をもちこもうとした」（前掲論文）と指摘する。そして「與華人参理百姓」とあることから、「安東都護府が旧高句麗全域を統轄するとともに、唐はより直接的に都督府・州県の地方統治機関に唐官人を派遣し統治にあたらせた」（前掲論文）とする。中国の高句麗支配は、隋以来の念願であった。そのため、高句麗に対しては、百済よりもより直接的な支配で臨《のぞ》んだのであろう。

筑紫都督府

百済・高句麗の占領地における支配方式が同じであれば、日本の支配統治にも同じ方式を用いたはずである。

そこで注目したいのが、『日本書紀』天智六年（六六七）十一月九日条である。

> 十一月の丁巳《ていし》の朔《つきたち》にして乙丑《いつちゆう》（九日）に、百済鎮将劉仁願、熊津《ゆうしん》都督府熊山《ゆうせん》県令上柱国司馬《しば》法聡《ほうそう》等を遣して、大山下《だいせんげ》境部連石積《さかいべのむらじいわつみ》等を筑紫都督府《つくしのおおみこともちのつかさ》に送れり。己巳《きし》（十三日）に、司馬法聡等、罷《まか》り帰る。小山下《しようせんげ》伊吉連博徳《いきのむらじはかとこ》・大乙下《だいいつげ》笠臣諸石《かさのおみもろいわ》を以《も》ちて送使《そうし》とす。
>
> 是《こ》の月に、倭国《やまとのくに》の高安城《たかやすのき》、讃吉国山田郡《さぬきのくにやまだのこおり》の屋島城《やしまのき》、対馬国《つしまのくに》の金田城《かなたのき》を築く。

十一月九日に、劉仁願が熊津都督府の法聡らを筑紫都督府に派遣してきた、という記事が見える。ここにみえる「筑紫都督府」とはいったい何であろうか。

小学館版『日本書紀③』の頭注は次のように説明している。

筑紫大宰府。唐の官制に倣った文飾か、白村江戦の後に大宰府を一時「都督府」と改称したか、未詳。唐が九州を占拠してこの官を置いたとする説もあるが、採らない。

この頭注がなぜ唐が九州を占拠した説を採用しないのか不明であるが、「筑紫都督府」なる表記は、たんなる誤記や一時的な表記と片づけるわけにはいかない。「筑紫都督府」については、おそらく次の八木充氏の見解が一般的に受け入れられているのであろう。

百済の役の敗退後、倭が唐の羈縻州化し、筑紫都督府をおく国際情勢にあったとは、とうてい考えられない。同じ記事にでる熊津都督府の語に引きつけられた誤記であるか、この記事の原史料というべき、外国系人物の手になる記録に筑紫都督府とあって（たとえば「海外国記」のごとき）、それを不用意に利用したか、あるいはさらに推測すれば、筑紫とあったのに、都督府をのちに加筆したか、そのいずれかではないかと想定する。変形したもとの官名は筑紫大宰のつもりであったとして、大過なかろう。（『日本古代政治組織の研究』三〇二―三〇三頁）

まず、『日本書紀』の編纂についてであるが、まったくないとはいえないが、基本的には八木

写真3-6　福岡県太宰府市・筑紫都督府古址

氏がいうような「誤記」の可能性は低いと考える。もちろん、写本の段階で誤写が生じることはある。しかし、その場合は諸本を校合《きょうごう》すれば、ある程度の誤写は訂正できる。『日本書紀』の記述でおかしい語句や文章がある場合は、ほとんどが意図的なものであると考えるべきであろう。そして、なにを意図したかを考察する必要がある。史書とは、大原則として、編纂当時の政権に都合がよいように書かれるものである。あるいはわざと書かれないものである。その原則から言うと、「筑紫都督府」という表現は、唐の支配を打ち消したい書紀編者としてはもっとも都合の悪い語句である。そもそもが使う必要のない語句である。誤記したとしても、校正の段階でチェック可能なことである。ましてや「都督府をのちに加筆した」とはとうてい考えられない。その必然性はまったくなく、むしろ逆に「都督府」を削除するのが、書紀編者の立場である。

それが『日本書紀』に残されていることの意味を考える必要があるのではなかろうか。八木氏は、「筑紫都督府をおく国際情勢にあったとは、とうてい考えられない」と述べるが、むしろ百済や高句麗の敗戦後の状況を考えれば、日本にも都督府が置かれる状況はじゅうぶんにあったと解するべきではなかろうか。どのような理由をもってそのような国際情勢になかったというのであろうか。

百済に五都督府が置かれた状況は、鬼頭清明が言うように「旧百済の在地支配構造はそのまま継承」（前掲書）している。ならば日本の場合も、筑紫大宰をそのまま筑紫都督府に流用したことはじゅうぶん考えられる。『日本書紀』には、「筑紫都督府に送れり」と、すでに存在する筑紫都督府に法聡が送りこまれたと記している。とすると、それ以前に筑紫都督府は置かれており、その時期は、おそらく天智四年の劉徳高たちが来日した時ではないかと考えられる。

司馬法聡

おそらくこの筑紫都督府には、郭務悰が引き連れてきた二百五十四人の部下が常駐していたのであろう。法聡《ホプチョン》に同行してきた境部連石積《さかいべのむらじいわづみ》らは、道案内兼通訳として連れてこられたと考えられる。

法聡については、小学館版『日本書紀③』は、「前百済官人で熊津都督府の司馬。後に新羅に抑留され、六七二年に文武王の唐への釈明使派遣に際して釈放」と説明する。『日本書紀』は法聡を日本に派遣したのを劉仁願とする。

「新羅本紀」第六・文武王七年（六六七）七月の記事によると、「高宗、劉仁願・金仁泰《キムインテ》に命じて卑列道《ビヨルド》を従はせ」とあって、劉仁願は高句麗戦のために新羅の金仁泰とともに卑列道の軍を率いて出陣していた。また同書の同年十二月の記事にも、「唐の留鎮将軍の劉仁願、天子の勅命を伝宣し、高句麗を征するを助けしむ」とあり、天智六年（六六七）七月～十二月にかけては高句麗戦に従軍していたことがわかる。さらに、「新羅本紀」文武王八年（六六八）六月二十二日の記事には、「府城の劉仁願、貴干の未肹を遣して、高句麗の大谷城・漢城《ハンソン》等二郡十二城の帰服を告げしむ」とあり、さらに、九月二十一日の記事には、「高句麗王、先ず泉男産《ナムサン》等を遣し、英公に詣《もう》で、降《こう》を請はしむ」とあって、この日に高句麗が降伏したことを伝えている。天智七年（六六八）六月～九月にかけても劉仁願は高句麗戦に従事している。

とすると、天智七年十一月に来日した法聡《ポプチョン》は、唐軍が高句麗を平定し、その戦後処理を行っている最中に来日したことになる。しかも滞在は、十一月九日に来日し、十三日に帰国という慌《あわ》ただしいもので、四泊五日という短時日であった。

法聡の来日は、天智たちとなにか話し合うためのものではなく、高句麗の滅亡を告げ、日本の立場をわからせるためのものだったのかもしれない。ただし、この月に、大和国の高安城、讃岐国の屋島城、対馬国の金田城が築かれていることは、関連があるかもしれない。日本にも五部制・都督府制を敷くためには、さらに西方に拠点となる山城が必要になる。讃岐国屋島城は瀬戸内海航路の拠点ともいえる。終着地としては大和国に高安城を築いている。これによって、対馬

―讃岐―大和というラインが山城によって結ばれた。着々と唐の日本羈縻支配の準備が進められている。

　法聡がわずか四日間という短い滞在しかしていないことをあらためて考えると、彼の目的は日本との交渉よりも、日本に滞在する唐の人々や捕虜の百済人たちの筑紫都督府での仕事の進捗《しんちょく》ぶりを監督にきたのかもしれない。もちろん、今後必要となる人材や物資の要望も聞きに来たのであろう。

境部連石積

　法聡《ボプチョン》とともに筑紫都督府に送られてきた境部連石積《さかいべのむらじいわつみ》はどのような人物であったろうか。孝徳紀白雉四年（六五三）五月に遣唐使が派遣されているが、その時の留学生に「坂合部連磐積」という名が見える。彼は正規の留学生ではなく、後から増員された人員であったことが「学問僧知弁《ちべん》・義徳《ぎとく》、学生坂合部連磐積《さかいべのむらじいわつみ》を以《も》ちて増《くわ》へたり」という表記から知ることができる。

　この時の遣唐大使は吉士長丹《きしのながに》、副使は吉士駒《きしのこま》で、留学僧は、道厳《どうごん》・道通《どうつう》・道光《どうこう》・恵施《えせ》・覚《かく》勝《しょう》・弁正《べんしょう》・恵照《えしょう》・僧忍《そうにん》・知聡《ちそう》・道昭《どうしょう》・定恵《じょうえ》・安達《あんだち》・道観《どうかん》がいた。注目すべきは、中臣鎌足の長男・定恵が参加していることである。

　定恵の帰国は、天智四年（六六六）九月の劉徳高《りゅうとくこう》の来日の際である。『日本書紀』白雉《はくち》五年

（六五四）二月の「伊吉連博徳言」によると、

学問僧恵妙《えみよう》、唐《もろこし》に死《みう》せぬ。知聡《ちそう》、海に死《みう》せぬ。智国《ちこく》、海に死せぬ。智宗《ちそう》、庚寅年《こういん》を以《も》ちて新羅船に付《つ》きて帰る。覚勝《かくしよう》、唐に死せぬ。義通《ぎつう》、海に死せぬ。定恵《じようえ》、乙丑《いつちゆう》年を以ちて劉徳高《りゆうとくこう》が船に付きて帰る。

とあり、学問僧が多く客死《きやくし》している中で、定恵が「乙丑年（天智四年）」に帰国したことが見える。このことは、『藤氏家伝《とうしかでん》』「貞慧《じようえ》伝」に、「白鳳《はくほう》十六年歳次《さいじ》乙丑秋九月を以《もち》て、百済《くだら》より経《へ》て京師《みやこ》に来《きた》りぬ」「郭武宗《かくむそう》・劉徳高らに詔して、旦夕《あしたゆうべ》に撫養《ぶよう》し、倭朝《わちよう》に送り奉《まつ》る」とあるのと合致する。「百済より経て」とあるように、定恵は長安から旧百済の熊津都督府を経由して、劉徳高・郭務悰に伴われて帰国したと考えられる。

ところが、「貞慧伝」には、「百済の士人《しじん》、窃《ひそ》かに其の能を妬《ねた》みて毒《どく》すれば、其の年の十二月廿三日を以《もち》て、大原の第《てい》に終《おわ》りぬ。春秋《とし》廿三なり」とあり、帰国した年の十二月にわずか二十三歳の若さで死亡してしまう。この定恵の毒殺について、直木孝次郎氏は、『古代日本と朝鮮・中国』の中で、

唐の生活に慣れ親しみ、すっかり唐風化したであろう定恵の姿は、百済の故地にいる百済人

からも、日本に亡命した百済人からも、憎しみの眼をもってながめられたにちがいない。定恵がどのような外交策を献言《けんげん》しようとしたかは不明だが、母国の復興をのぞむ百済人にとって好ましいものであったとは思われない。定恵が百済人に暗殺《あんさつ》されたと断定することはさしひかえるが、定恵には不幸なことだが、そうした条件は存したのである。（一七〇―一七一頁）

図3-5　定恵像（談山神社・八講祭奉仕区蔵）

と述べる。しかし、定恵がいかに唐の生活に慣れていたとしても、そのような人物は他にも多くいたであろうし、百済の滅亡は定恵のせいではない。また、直木氏の論でいけば、百済人で唐に降伏して唐に仕えている禰軍《ねぐん》や郭務悰、さらに扶余隆のような人物こそが百済人から恨まれてもしかたのない人たちであるが、彼らは暗殺されていない。それなのに百済滅亡に関与しない、日本人の定恵が百済人に恨まれるという理屈は無理があるであろう。

定恵が「百斉の士人」に毒殺されたという「貞慧伝」の記事の信憑性を調べる必要があるが、それは甚だ困難である。この記事を信用した場合、むしろ熊津都督府を「百斉」と表記している点にこだわるべきで、「百斉の士人」というのも、百済人を指すのではなく、熊津都督府に所属する人物を指している可能性も考えられる。そして、その人物とは具体的には、郭務悰か劉徳高が候補として挙げられるが、劉徳高が唐人、郭務悰が百済人であることを考えると、より郭務悰に可能性が感じられる。もちろんこの推論は、いささか強引な三段論法である面は否めない。しかし、もう少しこの推理を進めてみることにしよう。

問題は、郭務悰がなにゆえ定恵を暗殺せねばならなかったかという点にある。

それはもとより不明である。

しかし、郭務悰たちが日本を羈縻支配の下に置こうとしている時期の事件であるから、定恵がその妨げとなる存在として浮かび上がってきたからに違いない。憶測をたくましくすると、長安の人々と熊津都督府の軍人たちの日本に対する温度差を伝えられたくなかったのかもしれない。つまり、出先機関の熊津都督府の官人たちは、日本の羈縻政策で業績をあげて長安に返り咲こうと躍起になっているのに対して、長安では高句麗や突厥が話題の中心で、日本政策などはそれほど重視されていない。それゆえもっと日本から積極的に長安に交渉を働きかければ、唐の対応に変化があるという情報を伝えられたくなかったのかもしれない。あるいは唐と新羅の微妙な関係

写真3-7　百済の旧都があった韓国・扶余に復元された泗沘宮天政門

について話し合っているところを、偶然に定恵に聞かれてしまったためかもしれない。新羅の反唐傾向を天智たちに知られたくなかったことも考えられる。

もっともこのような推論は、「貞慧伝」の記事が事実であったとしてはじめて可能なことである。

話を境部連石積に戻すと、天智四年（六六五）是歳条に、守君大石が唐に派遣された時にも、境部連石積は一緒に派遣されている。同行したのは、他に大乙《だいおつ》吉士《きしの》岐弥《きみ》・吉士《きしの》針間《はりま》たちであった。もし、この遣唐使が、私が考えるように大友王子とともに就利山の会盟、泰山の封禅に参加したものであったならば、境部連石積は、大役を負って唐に行き、そのまま天智八年まで唐に滞在していたことになる。もしそうならば、境部連石積は中国語に堪能で、中国に精通した人物として同行していると考えて問題ない。

とすると、天智四年のこの時の派遣の人事を見直す必要がある。守君大石は白村江の戦を経験した将軍、境部連石積は唐への留学経験者、吉士一族は外交にたけた氏族である。このように見ていくと、この時の派遣人事は選《よ》りすぐりのメンバーであったことがわかる。そして私の仮説であるが、ここに大友王子が加わり、降伏調印と高宗の封禅儀式を祝う形での対唐外交が展開されたのではなかろうか。

そして、封禅の儀式に参加したなかで大友王子は一足先に帰国した可能性もあるが、中国語に堪能な境部連石積は、さらなる外交交渉のために熊津都督府に留まっていたのではないだろうか。『日本書紀』には記されないが、ここでの境部連石積の果たした役割は相当に大きなものであったと想像できる。彼は天智五年正月の儀式が終了した後、しばらくは在唐して旧知の人々の間を駆け回って敗戦処理の対策を講じたであろう。そして旧百済領の熊津都督府に行き、現場責任者の劉仁願・劉仁軌たちとも折衝したのではなかろうか。およそ二年弱の間の在唐・在都督府の期間を経て、境部連石積は司馬法聡に同行して帰国したと考えられる。

第四章
近江遷都

天智の帰還

ところで天智はいつまで筑紫にいたのであろうか。

少なくとも天智六年（六六七）十一月十三日の法聡《ポプチョン》の帰国までは筑紫にいたのではないかとも考えられるが、前述したように、法聡の目的が筑紫都督府の仕事の進捗《しんちょく》状況の観察であれば、天智がいなくても問題はない。

少し遡《さかのぼ》って『日本書紀』の記事を見ると、天智六年二月二十七日に斉明《さいめい》大王と間人《はしひと》王女を小《お》市岡上陵《ちのおかのうえのみささぎ》に合葬した記事が見え、三月十九日に近江遷都の記事が見える。

> 六年の春二月の壬辰《じんしん》の朔にして戊午《ぼご》（二十七日）に、天豊財重日足姫天皇《あめとよたからいかしひたらしひめのすめらみこと》と間人皇《はしひとのひめ》女《みこ》とを、小市岡上陵《おちのおかのうえのみささぎ》に合葬《あわせはぶ》りまつる。是《こ》の日に、皇孫大田皇女《みまごおおたのひめみこ》を以《も》ちて、陵《みささぎ》の前墓《はか》に葬《はぶ》りまつる。高麗《こま》・百済・新羅、皆御路《みなおおち》に奉哀《みねたてまつ》る。皇太子、群臣《まえつきみたち》に謂《かた》りて曰《のたま》はく、「我《われ》、皇太后天皇《おおきさきのすめらみこと》の勅《みことのり》したまへる所を奉《うけたまわ》りしより、万民《おおみたから》を憂《うれ》へ恤《めぐ》む故に、石槨《いわき》の役《えだち》を起《おこ》さしめず。冀《ねが》ふ所は、永代《ながきよ》に以ちて鏡誡《あきらかなるいましめ》とせよ」とのたまふ。
> 三月の辛酉《しんゆう》の朔にして己卯《きぼう》（十九日）に、都を近江《おうみ》に遷《うつ》す。是の時に、天下《あめのした》の百姓《おおみたから》、遷都《みやこうつ》すことを願はずして、諷諫《そえあざ》むく者多く、童謡《わざうた》亦衆《またおお》し。日々夜々《ひるよる》、失火《みずながれ》の処《ところ》多し。

この二つの出来事は天智がいなくてはなかなか成立しがたいものである。どちらか一方だけならば、天智不在で行うこともありえるが、前大王と前々太后の葬儀、しかも天智にとって母であり、妹である人の葬儀であるから、人情としても喪主《もしゅ》として参席したいはずである。小市岡は大和国高市郡に比定されているから、この時点では天智も飛鳥に戻っていた可能性が高い。そして、遷都という大王ならではの事業も天智としてはその場にいたいはずである。そう考えると、天智五年の間に、筑紫でなすべき仕事を処理し終えて、とりあえず天智も同六年に大和に戻ってきていたのかもしれない。つまり、斉明・間人合葬と近江遷都は一連の出来事で、前後関係はむしろ明確ではない。ある意味、天智は九州から大和に戻り、その足で近江遷都と合葬を行ったというべきであろう。

そしてそれと同時に、『日本書紀』天智七年正月三日の「皇太子《ひつぎのみこ》、即天皇位《あまつひつぎしらしめ》す」という記事を考え直す必要がある。すでに本書では、天智「称制」は必然性もないうえに、緊急時に国の王が存在しないでは外交交渉が成り立たないことを論じた。そして、敗戦後の外交交渉が筑紫で行われることの有用性についても述べてきた。

そのような考えに立つと、天智七年の即位記事はまことに興味深い。

つまり、筑紫での即位は現場対応としての即位であり、本拠地の大和での儀式を経たものではなかった。それゆえ、天智六年に大和に戻り、前大王の葬儀や大和の豪族たちへの対応などに一年を費やし、やっと天智七年正月に正式な即位儀礼を行うことができた、というのが、実態ではなかろうか。それを天武が後に、正式な即位儀礼前の状況を「称制」という表記で『日本書紀』に記述させたのではないかと考える。

近江遷都

天智がもし天智六年（六六七）に大和に戻っていたならば、どうしてすぐに即位式をあげなかったのかという疑問もある。実は『日本書紀』の天智六年の記事は少ない。それゆえ、具体的な事情ははっきりしない。だが、近江遷都は一大事業であり、それだけでも一年の準備では短すぎるほどである。むしろ、いきなり同年三月十九日に「都を近江に遷す」とだけあり、宮地の選定などの記事もなく、遷都が断行されている。「天下《あめのした》の百姓《おおみたから》、遷都《みやこうつ》すことを願はずして、諷《そえ》諫《あざ》むく者《もの》多く、童謡《わざうた》亦《また》衆《おお》し」という状況が出来《しゅったい》するのは当然であった。「日々《ひる》夜々《よる》、失火《みずながれ》の処《ところ》多《おお》し」というのは、たんに反対論が唱えられただけではなく、直接行動を伴った反対であったように見受けられる。そうした反対にもかかわらず近江遷都は断行された。

なぜ、近江遷都を行わなければならなかったのか。

それについては、従来説は、唐が攻めてきた場合、大和では近すぎてすぐに危険な状況が生まれるので、それを避けるためと説かれている。直木孝次郎氏は『日本の歴史2　古代国家の成

立』の中で、

国防上の理由がおもではないかと思う。近江は瀬戸内海の終着点である難波から、さらにかなり奥へ入りこんでいる。かつ、大津は琵琶湖を通じて東国および北陸地方への交通に便利で、西方からの攻撃にたいしては大和よりはるかに安全な土地である。このころの日本は、まだ唐にたいする警戒をとくことができなかった。（三二一～三二二頁）

と述べている。だが滋賀県と奈良県で、どれほどの距離的な差があり、安全性を感じられるのか疑問である。また、大和朝廷は、東国や北陸に逃げてどうするつもりなのかも疑問である。『新修大津市史1』は距離について、

実際的な距離からいえば、大和と近江大津とにそれほどのちがいがあるわけではないが、それでも瀬戸内海から生駒山系一つ越えれば大和に達するのと、さらにそこから幾つかの山を越える近江とはかなりの差があったし、何よりも古代貴族たちの軍事意識・防衛意識において大きな安心感が大津の地にはあったのである。（一八二頁）

という見解を示している。具体的な距離論には批判的な意見を述べながら、意識の上では「安心

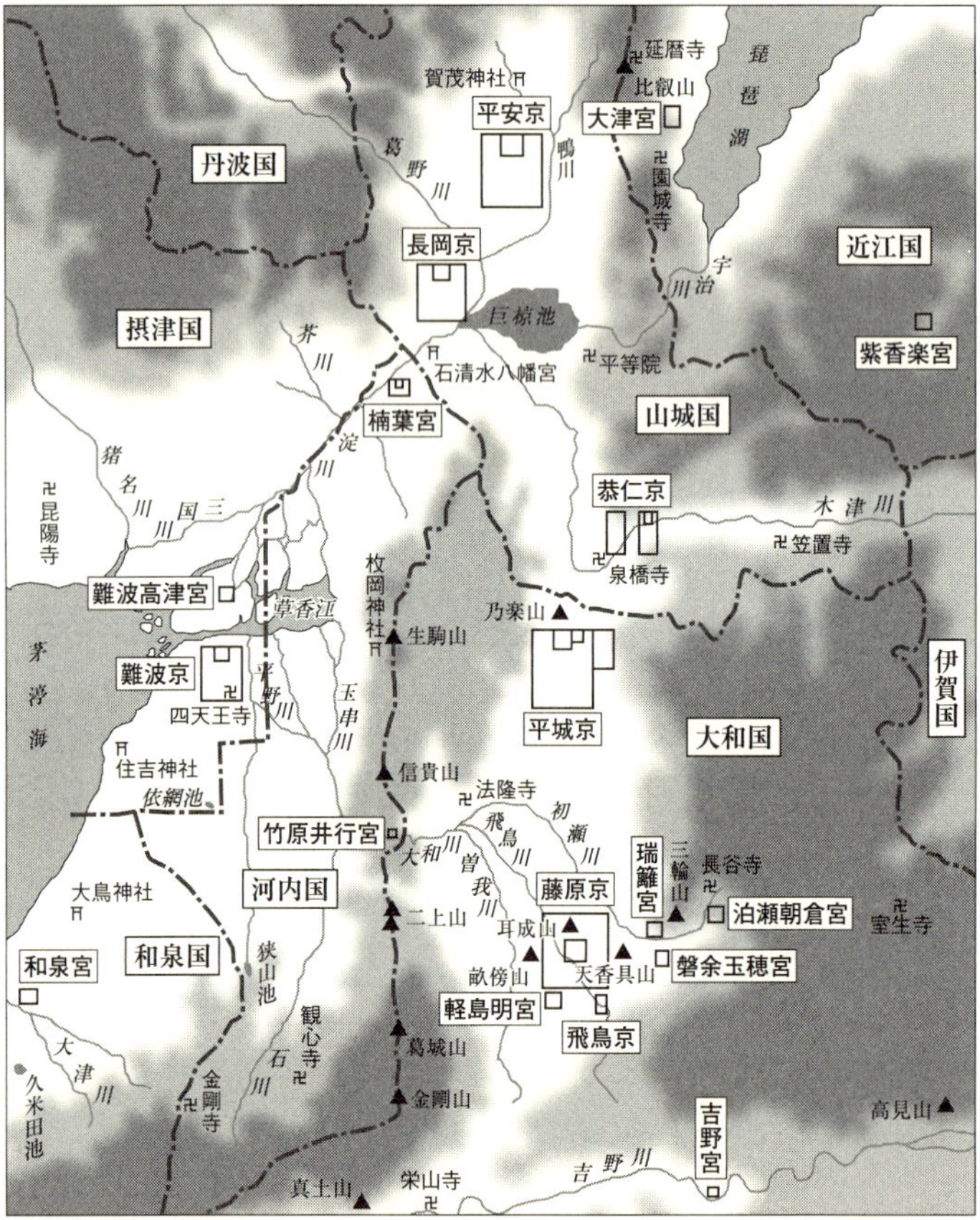

図4-1　大津宮位置図
出典：林博通「大津宮」『古代を考える　宮都発掘』原図より作成

感」があったと、イメージ論で締めくくられている。最近の篠川賢氏の『日本古代の歴史② 飛鳥と古代国家』でも、

近江は畿外の地であり、そこに宮を遷すことへの反発は当然予測されたはずである。それにもかかわらず、なにゆえ中大兄は大津宮に遷ったのであろうか。様々な理由が指摘されているが、やはり主たる理由としては、対外防備が考えられるであろう。大津の地は、琵琶湖をひかえ、軍事・交通上の要地であった。（一八七頁）

と述べる。ここでは、距離の問題には触れられていないが、結局は「対外防衛」論が主張されている。

だが、大津宮の推定位置を考えると、防衛的には適さない立地条件であることがわかる。琵琶湖と比叡山に挟まれた狭い京域は、攻められたらひとたまりもない場所である（図4-1）。とても軍事の要衝の地とはいえない。むしろ、平野部の飛鳥の地から山と湖に挟まれた場所に追いやられたというべきであろう。飛鳥在住の氏族たちが遷都に反対したのも肯《うなず》ける。胡口靖男氏も「近江遷都の構想」において、

大津宮の所在地については、琵琶湖西南岸のどこに求めるか、江戸時代以来の長い論争史が

あるが、近年の発掘調査によって、大津市の錦織地区にあったことが有力視されている。けれどもこの地区は、琵琶湖と比叡山に挟まれた狭長な傾斜地で、しかも高低差がある。したがって、整然とした大規模な構造を有する宮の建設は不可能であり、発掘調査結果も大津宮は比較的小規模に営まれたと判断されるに至った。(二六〇頁)

と述べている。地理的に宮都を築くのに適した場所ではないということである。それに、戦争に負けておきながら、防衛施設を設けるというのは、矛盾する。私の考えるように、大友王子たちによって降伏調印が済んでいるならば、近江遷都防衛論は成り立たない。つまり、近江遷都も対外防衛以外の理由で行われたとしなければならない。

他方、胡口氏は、近江遷都について、次のような構想を述べている。

この近江遷都は、高句麗人の遷都の理想型を頭に描き、近江一国全体を高句麗の山城のような逃げ城化して、この危機を乗り越えようとする遠大な構想——これを近江一国城塞化と呼ぶことにする——が亡命百済人を中心として発想され、中臣鎌足によって推進された公算が、かなり高いと考定する。(前掲論文、二六三頁)

として、近江遷都の目的を「防禦的・軍事的」なものと解している。これは、大和朝廷以外の日本の人々をないがしろにした構想である。近江京に逃げ込める豪族だけが助かればよい、他の地域の人々がどのような目にあってもよいという構想である。このような考えが天智たちにあったとは思えないが、もし多少でもあれば、そうした朝廷は存在意義を問われ、日本の人々に見捨てられることになったであろう。いかに大和朝廷の中で権力闘争があったとしても、権力者が自分たちの身の安全だけを考えていたならば、それは最低の所業であり、滅びてもしかたのない王朝だったと見なされただろう。そして、逃げ城に逃げ込んだあと、どうするつもりだったのかもわからない。まわりを敵が取り囲めば、兵粮攻めで滅亡するだけである。

そもそも防衛論上の近江遷都は逃げの姿勢である。決して大唐と戦う姿勢とは思えない。むしろ近江京の狭小さがなにを意味しているかを考えるべきである。もとの大和国飛鳥から、より狭い大津への移転。水運上さして便利でもない大津への移転。

このメリットのない遷都が意味するものはなにか。

答えは一つしかないであろう。

みずから好んで悪い条件の地域に遷都する大王はいないであろう。しかも豪族も人民も反対しているのに遷都を断行する理由は、他者による強制的な遷都以外の何物でもないであろう。そして、そのような強制力を発揮することができるのは、戦勝国である唐以外ありえないであろう。

はるか後のことではあるが、第二次世界大戦後のGHQも東京に置かれた。占領軍総司令部は、被占領国の首都に置かれるのが一般的である。百済が滅亡した時も都督府は旧都公州（熊津城《ウンジン》）

に置かれた。おそらく日本の場合も、郭務悰の調査によっても同様の答えが導き出されたのであろう。

「唐の占領軍総司令部は大和国飛鳥に設置する。ついては明け渡しをすみやかに行うように」

そのように天智は郭務悰や劉徳高に指示されたのであろう。

それゆえ、実態は近江遷都ではなく、飛鳥京の譲渡であり、近江への強制移動だったと考えられる。同天智六年（六六七）八月の記事に、「八月に、皇太子、倭京《やまとのみやこ》に幸《いでま》す」とある。天智はなんのために大和の飛鳥京に行ったのであろうか。近江に遷都してわずか五か月後のことである。『日本書紀』はなにも語らない。ただ短く行幸記事を載せるだけである。これも不思議な記述と言えよう。だが、さらに三か月後の同年十一月には大和国に高安城が築き始められた記事が記載されている。このこととなにか関連があるのではなかろうか。

十一月には先に見た熊津都督府から法聡や境部連石積が筑紫都督府に派遣されている。高安城が通信用の山城であると同時に、大和と河内の監視的な機能を期待されたものであれば、すでに唐の官人たちは飛鳥京に来ており、天智は彼らと打ち合わせをするために大和行幸をおこなったのかもしれない。

大和の豪族たちの不満

近江遷都への不満を、『日本書紀』は「遷都《みやこうつ》すことを願はずして、諷諌《そえあざ》むく者多く、童謡《わざうた》亦《また》衆《おお》し」と短文で記すのみであるが、実態としてはどうだったであろうか。

大和の豪族たちは、敗戦の事実は知ってはいるが、戦闘を実際に見たわけでもなければ、戦後すぐの時点で、唐軍の情報を聞いたわけでもなく、まして唐の使者との対応を経験したわけでもなかった。それゆえ、博多の那津宮で折衝をしていた天智たちとの間に温度差が生まれていたことは否めないであろう。それは、大和にとどまっていた大海人も同じ状況だったと考えられる。

私は、大海人は留守役として大和の飛鳥京に留まっていたと推測する。なぜなら、斉明大王と中大兄が筑紫に出立する以上、誰か有力な大王家の一員が留守役を勤めなければならなかったは

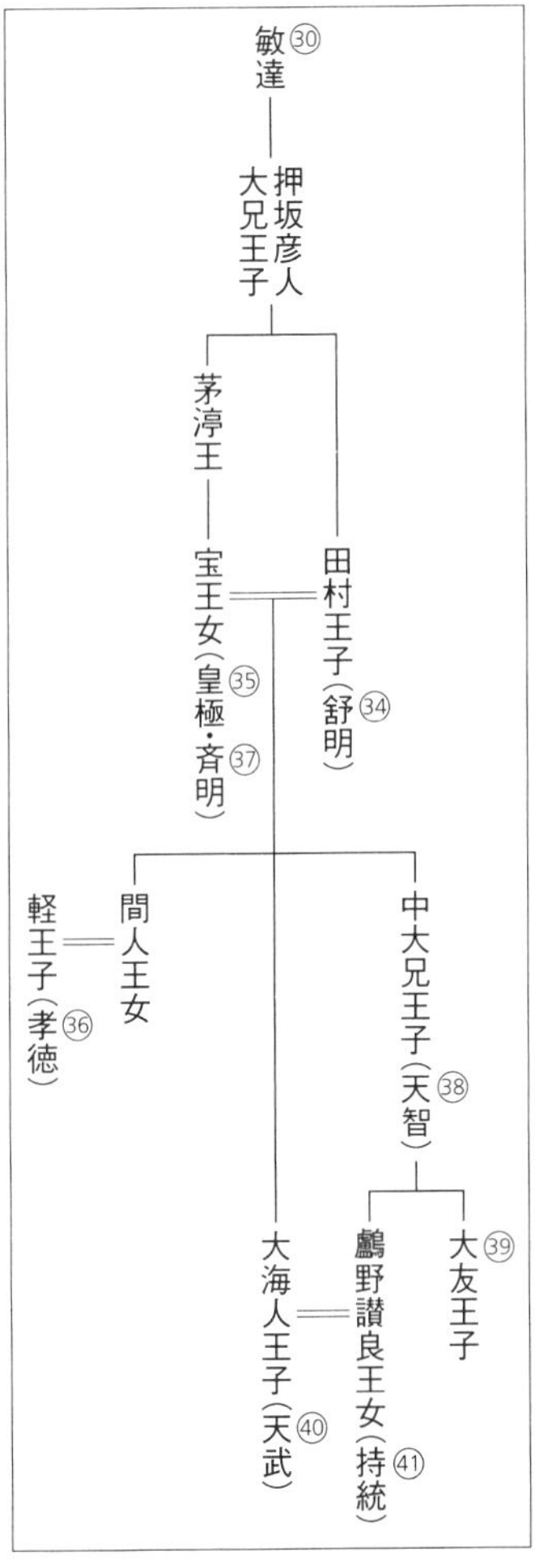

図4-2　大王家系譜

ずであり、それには大海人がもっとも相応《ふさわ》しいと考えられるからである。通説では太田王女の随行をもって大海人も随行したと考えるが、それは絶対とはいえない。むしろ、斉明の立場で考えると、中大兄を随行する以上、自分の息子で次に信頼できる人物に留守役を頼まないと安心できなかったであろう。紀伊国の牟婁《むろ》の湯に出向いている間に、留守中、有間王子《ありまのみこ》の謀叛《むほん》計画が立てられた経験からしても、留守役の重要性を知っていたはずである。

このように考えられるならば、留守役の大海人と大和に残っていた豪族たちは、筑紫から戻った天智たちの政策には種々不満があったと考えられる。どんなに詳しい説明を聞いたとしても、両者には拭《ぬぐ》いがたい温度差があったと思われる。

敗戦の知らせを聞いた後、大和の豪族たちにとって、筑紫で行われていることは、自分たちに相談もなく、次々と実行されることばかりであった。もちろん、唐の使者が来て、無理難題を筑紫の天智たちに投げかけていることは頭では理解していた。しかし、感情的には、自分たちは蚊帳《かや》の外に置かれているという気持ちのほうが強かったであろう。

だが、天智たちの方が実際には辛い目にあっていた。引上船から帰還した日本兵たちは傷ついていたはずである。なんとか帰国できたものの、刀傷、槍傷、矢の傷などが身体のあちこちにあり、ひどい場合は、手足を損傷していた兵もいたであろう。天智たちには、そうした傷病兵から目をそらすことは許されなかった。彼らから重要な情報を得なければならなかったからである。そして、親しい将軍の最後を聞かされたであろう。そして、多くの日本兵を殺傷した憎き相手と敗戦交渉をしなければならなかった。この辛さは、大和にいた豪族たちにはわからなかったであろう。

唐の政策は、筑紫を起点にどんどん実行され、百済からの亡命者の受け入れも行われている。天智たちが大和に戻ったと思ったら、すぐに近江遷都が発せられる。これでは、大和の豪族たちが不満を抱くのもしかたないことであったろう。まして、それが唐の指令によるもので、決して逆らうことができないということがわかっているだけに、不満をぶつける相手はいきおい天智たちということになる。

天智七年（六六八）五月五日に蒲生野《がもうの》における薬猟《くすりがり》の記事が見える。

五月の五日に、天皇《すめらみこと》、蒲生野《かまふの》に縦獦《みかり》したまふ。時に大皇弟《ひつぎのみこ》・諸王《おおきみたち》・内臣《うちのおみ》と群臣《まえつきみたち》、皆《みな》悉《ことごとく》に従《したが》へり。

とある。近江遷都後、一年二か月後の催しである。飛鳥京には、誰がいて、唐の官人たちがどのように飛鳥京に住まいしていたのかはまったくわからない。しかし、狭い大津京に閉じ込められた天智たちは、豪族の不満の高まりを感じていた。その不満を少しでも解消するために催されたのが、この蒲生野の薬猟であろう。この時のことは、『万葉集』巻一・二〇～二一に、額田王が「あかねさす紫野行き標野《しめの》行き野守《のもり》は見ずや君が袖振る」と歌い、大海人王子が「紫草《むらさき》のにほへる妹《いも》を憎くあらば人妻ゆゑにわれ恋ひめやも」と返歌したことで有名である。

しかし、こうした融和策はあまり成功しなかったようである。『藤氏家伝』大臣固諫条に、

帝《てい》、群臣《まえつきみたち》を召《め》して浜楼《ひんろう》に置酒《ちしゆ》したまふ。酒酣《さけたけなわ》にして歓《よろこび》を極《きわ》む。是《ここ》に大皇弟《ひつぎのみこ》長き槍《ほこ》を以《もち》て、敷板《しきいた》を刺《さ》し貫《つらぬ》きたまふ。帝《てい》驚き大きに怒《いか》りて、執害《そこな》はむとしたまふ。大臣《おおおみ》固《かた》く諫《いさ》め、帝即《すなわ》ち止《や》めたまふ。

とあり、天智が催した酒宴で、大海人が槍を持ちだして、敷板を刺し貫くという事件があった。中臣鎌足のとりなしで天智の怒りもおさまったということである。『藤氏家伝』には、この事件の原因については何も書かれていない。『日本書紀』には、この事件そのものの記事がない。天智が酒宴を設けたことは、『懐風藻』序文に、「旋《しばしば》文学《ぶんがく》の士《おのこ》を招《お》き、時《よりより》に置醴《ちれい》の遊《あそび》を開きたまふ」とあることからも確認できる。

だが、こうした漢詩を詠むような催しは逆効果だったのだろう。唐の羈縻政策に従わせられている状況で、中国式の詩歌《しいか》管弦の場は、大海人たちを刺激するだけだったのかもしれない。このような憤懣《ふんまん》が反天智勢力を生み、壬申の乱への序曲となっていったと考えられる。

近江という土地を考えると、天智四年（六六五）二月に百済からの亡命者・男女四百余人を近江国神前《かんざき》郡に移住させている。この頃から遷都先の候補として近江が考えられていたのであろう

か。壬申の乱後、都が大海人によって飛鳥に戻されていることからも、大津京に対する反発が強かったことがわかる。このことからも、近江遷都はみずから望んで行ったものとは思えないのである。

新羅使の来航

なぜか天智七年（六六八）九月以降は、新羅使来航の記事が頻出する。天智七年～八年の関連記事を見ることにしよう。

A　秋九月の壬午《じんご》の朔にして癸巳《きし》（十二日）に、新羅、沙喙《さたく》級湌《きゅうさん》金東厳《きむとうごん》等を遣《まだ》して進調《みつきたてまつ》る。

B　丁未《ていび》（二十六日）に、中臣内臣《なかとみのうちのおみ》、沙門法弁《しゃもんほうべん》・秦筆《しんひち》を使《つかわ》して、新羅の上臣大角干庾信に船一隻を賜《たま》ひ、東厳等に付《さず》く。

C　庚戌《こうじゅつ》（二十九日）に、布勢臣耳麻呂《ふせのおみみみまろ》を使《つかわ》して、新羅王に御調輸《みつきたてまつ》る船一隻を賜ひ、東厳等に付《さず》く。

D　十一月の辛巳《しんし》の朔に、新羅王に、絹《きぬ》五十匹《ひき》・綿《わた》五百斤《きん》・韋《おしかわ》一百枚を賜《たま》ひ、金東厳等に付く。東厳等に物を賜ふこと各差《おのもおのもしな》有り。

E　乙酉《いつゆう》（五日）に、小山下《しょうせんげ》道守臣麻呂《ちもりのおみまろ》・吉士小鮪《きしのおしび》を新羅に遣《つかわ》す。是の日に、金東厳等罷《まか》り帰りぬ。

F　是の歳《とし》に、沙門道行《しやもんどうぎよう》、草薙剣《くさなぎのつるぎ》を盗み、新羅に逃《に》げ向《ゆ》く。而《しか》して中路《みちなか》に風雨《かぜあめ》にあひて、芒迷《まと》ひて帰る。

G　八年の春正月の庚辰《こうしん》の朔にして戊子《ぼし》（九日）に、蘇我赤兄臣《そがのあかえのおみ》を以ちて筑紫率《つくしのかみ》に拝《め》す。

H　九月の丁丑《ていちゆう》の朔にして丁亥《ていがい》（十一日）に、新羅、沙飡督儒《ささんとくぬ》等を遣《まだ》して、進調《みつきたてまつ》る。

一見してわかる通り、天智七年九月から八年正月にかけて、わずか六か月間に九件もの新羅関係記事が頻出している。これまで白村江の敗戦以降、新羅はほとんど日本に介入してこなかった。むしろ唐に日本の羈縻支配を委《ゆだ》ねた形であった。それが突然、積極的な対日外交を展開し始めたのである。

こうした新羅・唐の情勢変化に対して、天智はいかなる対応をしたのであろうか。天智は、白村江の敗戦を基本的には唐軍に敗北したと理解していたであろう。しかし、日本軍が百済復興を支援する形で軍を派遣した以上は、新羅に対しても宣戦布告したことになっていることも理解していた。ところが、敗戦後は、唐の使者のみが来日し、新羅からの使者が来ないことを不審に思っていたはずである。

もちろん、新羅と唐の関係は、次第次第に入ってくる情報によって、大枠は理解していたであろう。そして、高句麗戦が終わるまでは、両者は連合軍として共同で軍事活動を行うことも知っ

写真4-1　新羅の都・慶州の現在の風景

ていたはずである。だが、日本としては、新羅の今後の方針を知りたい。新羅があくまで唐の下について従属していくつもりか、あるいはある時期が来たなら、唐と一線を画《かく》すつもりでいるのかで、日本の将来も変わってくる。

　そうした思いでいる天智たちのもとに金東厳《きむとうごん》が来日したのである。

　九月十二日に東厳が来日すると、同月二十六日に中臣鎌足は、金庾信《キムユシン》に向けて「船一隻」を贈り、同月二十九日には、今度は天智みずから文武《ムンム》王に宛てて「船一隻」を贈っている。二隻とも「東厳等に付《さず》く」とあるから、新羅使の東厳に託されたのであろう。

　さらに、翌十一月一日には、文武王に対して、絹五十匹・綿五百斤・韋《おしかわ》一百枚を金東厳に託して贈っている。明らかに天智は新羅と友好な関係を築こうとしている。もちろんこの段階では、まだ一方的に新羅に味方するという外交ではなかったはずである。

東厳との会談を踏まえ、次々に羈縻政策を展開してくる唐にだけ従うのではなく、もう一方の戦勝国である新羅にも礼を尽くし、新羅との協調外交を行い、心証を良くしておこうというバランス外交であろう。

とはいえ、船二隻を贈るということは、新羅への軍事的援助とも受け取れる。その天智の意図が現れたのが、Fの是歳条に記載された、沙門道行の不可解な行動である。該当記事を再度引用しよう。

> 是《こ》の歳《とし》に、沙門道行《しゃもんどうぎょう》、草薙剣《くさなぎのつるぎ》を盗《ぬす》み、新羅に逃げ向《ゆ》く。而《しか》して中路《みちなか》に風雨《かぜあめ》にあひて、芒《ま》迷《と》ひて帰る。

この記事は、唐突に登場し、その理由も結果も記されていない。おそらくは、原日本書紀には記されていたのであろうが、それらは削除されたのであろう。

沙門の道行が、草薙剣を盗んで、新羅に逃げようとしたが、途中で風雨にあい、道に迷って引き返してきた、という理解の範疇を越えた内容である。沙門道行が何者で、どこから草薙剣を盗み、なぜ新羅を目指し、戻った後はどのような処罰を受けたのか、何一つわからない。

草薙剣とは、後の三種の神器の一つである。これはスサノヲが八岐大蛇《やまたのおろち》の尾から取り出し、ヤマトタケルが火難に遭ったときに草を薙いで命が助かったという剣である。この伝説的な剣がどこに安置されていたか、宮中なのか熱田神宮《あつたじんぐう》なのか、それも問題となっている。いずれにしても、そこからなぜ道行が宝剣を盗みだせるのかが疑問であるし、なんのために盗み出したのかも問題である。

しかも、宝剣を盗み出した道行を処罰したという記事がないのが不思議である。三種の神器の一つを盗み出せば、帰ってきてもただではすまない。それを、おめおめと戻ってくるというのも考えがたいことである。そして、一番の問題は、何ゆえ、この記事がここに記載されなければならなかったのかである。

『熱田神宮縁起』は、この事件に関して、次のような記録を記している。

新羅沙門道行、此《こ》の神剣を盗み、まさに本国に移さんとす。窃《ひそか》に祈《いの》りて神祠《しんし》を入れ、剣を取り、袈裟《けさ》を裹《つつ》み、伊勢国より逃げ去る。

ここでは、沙門道行を新羅国の人としている。熱田神宮には、現在も「清雪門」という門がある。その説明板には、

写真4-2　愛知県名古屋市・熱田神宮の不開門

> もと本宮《ほんぐう》の北門と伝えられ、俗に不開門《あけずもん》といって、かたく閉ざされたままである。天智天皇七年（六六八年）故あって、皇居に留《とどま》らせ給うた神剣が、朱鳥《あかみとり》六年（六八六年）再び当神宮に収められた時、二度と御動座なきよう門を閉ざしたという故事による。

とある。草薙剣を神宝とする熱田神宮にとって、天智七年の宝剣盗難事件は相当ショッキングな事件であったことが感じられる。しかし、宝剣が盗まれるという事態が実は想定しにくい。

　この記事を合理的に解釈するには、かなりの想像力を要する。

　おそらく、草薙剣は新羅に献上されたのであろう。その献上された草薙剣が大王家に伝わった本物であったかどうかは別にして、大王家の神器の剣は武力の象徴である。つまり、草薙剣を献上することは軍事力の移譲を意味し、日本が新羅に軍事権を委ねることを表象しているのである。新羅も戦勝国とはいえ、日本に対して軍事権の移譲を求めるほどの要求はしなかったであろう。ただ、現実として、唐によって都督府が設置され、連絡施設としての山城が各地に築城されつつある状況があった。日本としては、新羅に対して、裏面での支援の意思表示として宝剣を献上しようと考えたのであろう。つまり実際の軍事権の移譲ではなく、心情的な新羅への支援を表すものとして宝剣を献上したのである。あるいは、白村江の戦で新羅の捕虜となった日本兵に対する軍事指揮を認める証として宝剣献上が計画されたのかもしれない。つまり捕虜の日本兵を新羅が対唐戦に投入することを承認したのかもしれないということである。

しかし、『日本書紀』は、後の編纂物であり、亡命百済人が編纂にかかわった関係から、新羅に対してはあまり良い感情をもって記しているとは思えない。また、天武の編纂への関与からも、天智朝の記事の改竄《かいざん》の可能性も考慮しなければならない。それゆえ、天智朝が、新羅に対して心情的な軍事権の移譲を示すような宝剣の献上をしたとは書けない。そこで、草薙剣の献上を糊塗するために、沙門道行による窃盗事件を仕立てあげ、しかも、道行は「中路《みちなか》に風雨にあひて、芒《ま》迷《と》ひて帰る」ということにして、実際は草薙剣が新羅に渡ったのか、そうでないのかを曖昧に記述したのであろう。

しかも、この道行窃盗事件のすぐ後に、天智八年（六六九）正月の人事で、「蘇我赤兄を以ちて筑紫率《つくしのかみ》に拝《め》す」とあり、天智は蘇我赤兄《そがのあかえ》を筑紫率に任命している。赤兄は天智十年の大友王子体制を組閣した時に左大臣となっていることから考えて、天智の腹心と考えられる。それゆえ、赤兄の筑紫率任命は左遷ではなく、筑紫方面における人事の強化と考えるべきであろう。

筑紫率については、天智七年七月条に「栗前王《くりくまのおおきみ》を以ちて筑紫率に拝す」とあり、栗前王がわずか六か月前に任じられたばかりであった。筑紫率とは、筑紫大宰の帥《そち》のことである。筑紫都督府が設置されている状況で、筑紫大宰との関係がどのようであったかは不明だが、日本が以前からもうけていた筑紫大宰はまだ健在であったのだろう。天智たちが那津宮から飛鳥に戻り、近江に遷都した以上、天智に代わって那津宮で唐との対外交渉を任せられる人材が必要であった。筑紫では大野城・基肄城の築城が進められ、水城の建設も進んでいたはずである。すべての事業を唐の人々や旧百済官人に任せておくわけにはいかなかったであろう。敗戦国とはいえ、国内のことであるから、どのような状況で築城が進められているかを把握しておく必要があったはずである。栗前王が筑紫率として派遣されたのは、新羅の使者・金東厳らが来日する前であり、来日後の日羅関係の変化に対応するために、新たに蘇我赤兄を派遣したのであろう。そして、金東厳の帰国の際も、金東厳一人を帰らせているのではなく、送使として小山下道守臣麻呂《ちもりのおみまろ》・吉士小鮪《きしのおしび》の二人が付けられている。『日本書紀』の自国中心的な表現方法からすると、この箇所の表現は、かなり新羅に阿《おもね》った表記がされているといえよう。

ここには、なんらかの理由があるはずである。それを考えるためには天智七年（六六八）という年の意味を考える必要があろう。

高句麗の滅亡

六六八年とはまさに高句麗が滅亡した年であった。

そのことについて、いくつかの史料で検証していこう。まず『旧唐書』巻五・高宗下・乾封元年（六六六）六月壬寅《じんいん》条によると、高句麗の淵蓋蘇文《ヨンゲソムン》が没したことが見える。

六月壬寅《じんいん》に、高麗《こま》の莫離支《まくりし》蓋蘇文《がいそぶん》死す。其《そ》の子・男生《なんせい》、其の父の位を継《つ》ぐも、其の弟・男建《なんけん》の為《ため》に逐《お》はれる。其の子・献誠《けんせい》をして闕《みや》に詣で降を請《こ》ふ。左驍衛《さぎょうえい》大将軍・契苾何力《けいひつかりき》に詔《みことのり》して、兵を率《ひき》ゐ、以て之に応接せしむ。

とあり、高句麗の絶対的な存在であった淵蓋蘇文が亡くなると、すぐに息子たちの間で後継者争いが勃発したことが見える。唐の高宗はすぐに、その内紛に付け込み、契苾何力に兵を出動させている。さらに、

冬十月の己酉《きゆう》に、司空英国公勣《しくうえいこくこうせき》に命じて、遼東道行軍大総管《りょうとうどうぎょうぐんだいそうかん》と為《な》し、以《もち》て高麗を伐《う》たしむ。

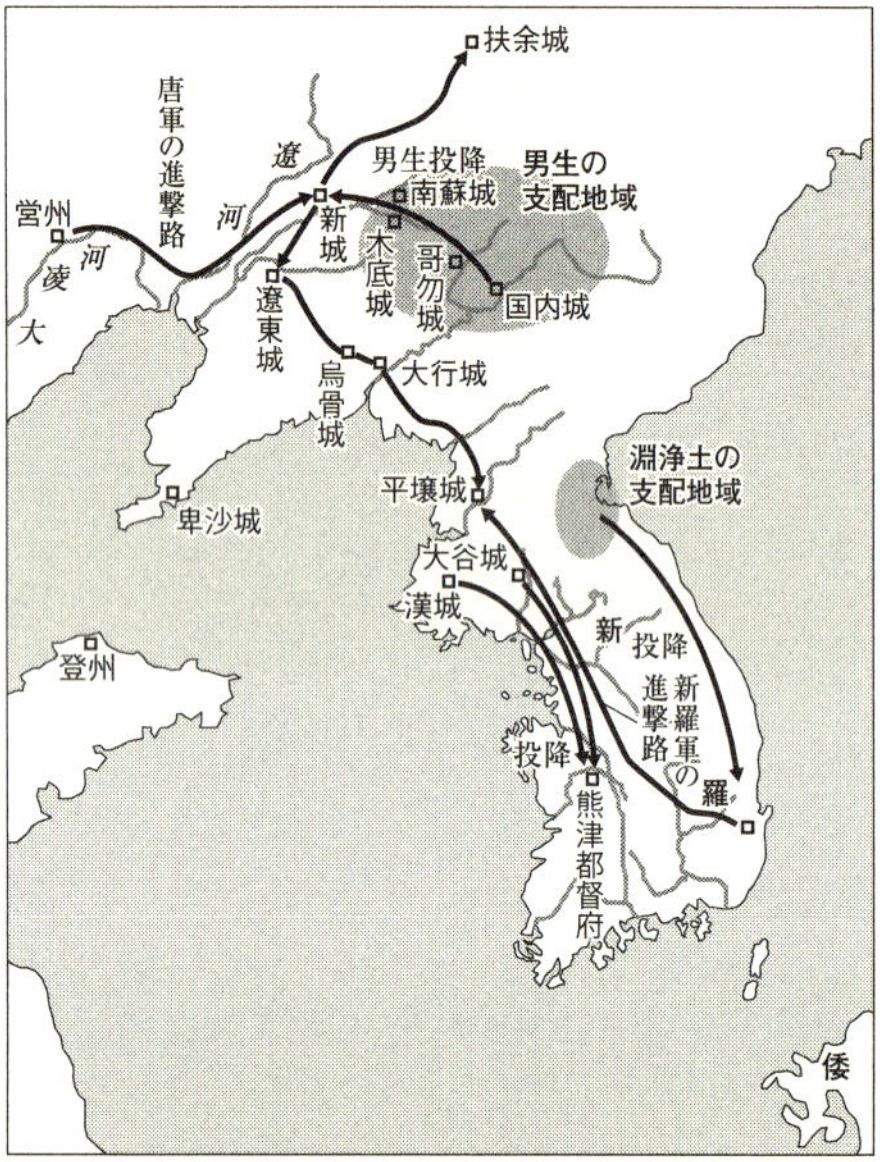

図4-3　高句麗城と滅亡直前の半島戦況図
出典：盧泰敦『古代朝鮮 三国統一戦争史』原図より作成

とあり、同年十月から高句麗遠征が再び始まっている。淵蓋蘇文の死後、息子・男生《ナムセン》が後継したものの、その弟・男建《ナムコン》との間に軋轢《あつれき》が生じた。唐にとって、高句麗を支えてきた淵蓋蘇文の死は、高句麗討伐の最大の好機であった。同年十月には早速、李《り》勣《せき》に行軍させて高句麗討伐に向かわしめたわけである。

そもそも唐が新羅の要請に応じて百済を滅亡に至らしめたのも、高句麗征討における武器・兵粮の調達に新羅の協力を得、さらに新羅の軍事力をも高句麗戦に投入できると計算したからである。今こそ、本来の目的が達せられる好機が訪れたわけである。

高宗は、乾封三年（六六八）正月壬子には劉仁軌を遼東道副大総管に任じて、李勣の片腕としている。『三国史記』「新羅本紀」文武王七年（六六七）七月条には、高宗《こうそう》、劉仁願・金仁泰《キムインテ》に命じて卑列道《ビヨルド》を従《したが》はせ、又、我が兵を徴《ちょう》し、多谷《タコク》・海谷《ヘコク》の二道を従はせ、以て平壌《ピョンヤン》に会せしむ。

とあり、劉仁願は高宗の命令で、新羅の金仁泰《キムインテ》とともに軍隊を率いて平壌《ピョンヤン》に向かわざるを得なかった。百済での羈縻政策はいったん休止である。金仁泰は「新羅本紀」文武王十一年七月の文武王の書簡に「弟仁泰」と表記されていることからみて、文武王の弟であることがわかる。文武王には、文武王五年（六六五）に没した庶兄・文王《ムンワン》と仁問《インムン》・仁泰の二人の弟がいたことになる。

それはともかくとして、ここで白村江の戦以後の唐軍の動きを一覧して、唐の基本政策をつかんでおこうと考える。

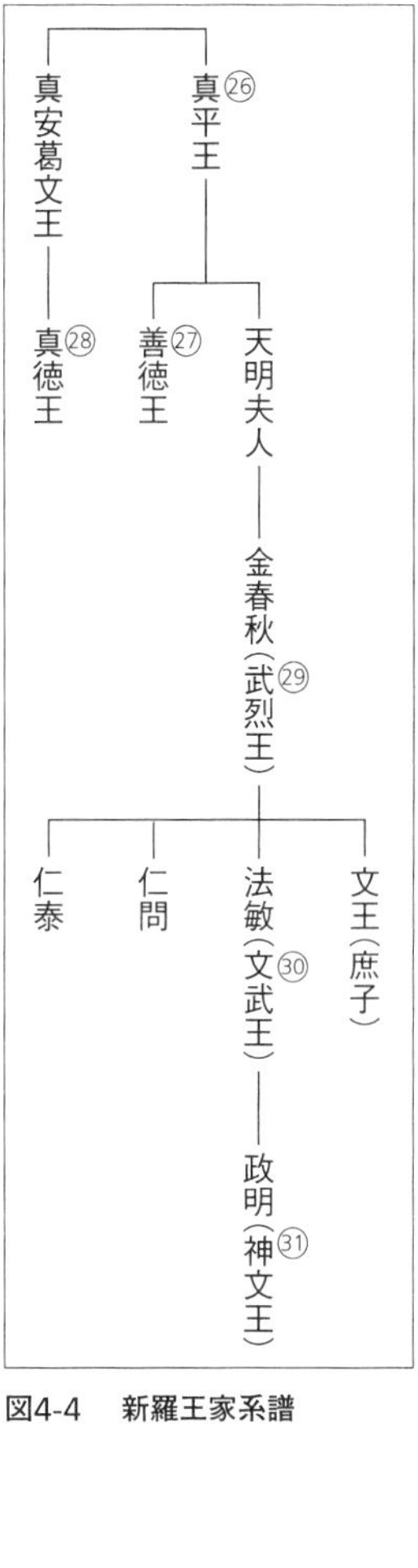

図4-4　新羅王家系譜

六六三年　四月、新羅に鶏林《ケリン》州都督府を置き、金法敏《ポムミン》を都督とする。

六六四年　九月、孫仁師・劉仁願帰国し、劉仁軌を百済の留鎮とし、さらに帯方《デバン》州刺史とする。

六六五年　十月、扶余隆《プヨユン》を熊津《ウンジン》都督とする。

　　　　　八月、劉仁願、扶余隆と金法敏を熊津城で盟約せしめる。

　　　　　是歳、劉仁軌、新羅・百済・耽羅・倭国の使者を泰山で会せしめる。

六六六年　六月、高句麗の淵蓋蘇文《ヨンゲソムン》が没し、その子・男生《ナムセン》が莫離支《ばくりし》の位を継ぐ。左驍衛大将軍契苾何力《けいひつかりき》に兵を与えて、高句麗に派遣する。

　　　　　十月、司空英国公李勣《りせき》を遼東《リャオトン》道行軍大摠管に任じて高句麗を討つ。

六六七年　九月、李勣、高句麗の新城を抜く。

　　　　　是月、薛仁貴、南蘇・木底・蒼巌の三城を抜き、男生と会する。

六六八年　正月、右相劉仁軌を遼東道副大摠管兼安撫大使浿江《ペガン》道行軍摠管に任じる。

　　　　　二月、遼東道の薛賀水で高句麗兵五万人と戦い、五千の首をあげ、三万人を捕虜とした。

　　　　　九月、李勣、平壌を陥落させ、宝蔵王・男建《ナムコン》を捕虜として帰国する。

　　　　　十二月、安東都護府を平壌におき、薛仁貴を都護とする。

これを見る限りでは、唐は、六六五年までに百済・日本を羈縻支配下に置くという処理をし、六六六年の淵蓋蘇文の死が確認されてから本格的に高句麗征討に入ったことが確認できる。両面政策を展開しているように見えて、実は両面どころか三面も四面も同時進行していた。六六四年には武后《ぶこう》が上官儀《じょうかんぎ》を廃して垂簾《すいれん》の政を展開しており、六七〇年にはシルクロードの安全確保のために吐蕃《とばん》と戦い、敗北を喫していた。広大な領土を持つということは、多くの国と接することを意味し、その国々との外交を必要とした。基本的に、大国は常に問題を抱えているといえよう。

唐が高句麗征討に本腰を入れたことについては、「新羅本紀」文武王六年（六六六）十二月条にも詳しく記されている。

冬十二月に、唐、李勣《りせき》を以て遼東道行軍大摠管と為し、司列少常伯《しれつしょうじょうはく》の安陸《あんりく》の郝処俊《かくしょしゅん》を以て之に副《そ》ふ。以て高句麗を撃つ。高句麗の貴臣の淵浄土《ヨンジョンド》、城十二、戸七百六十三、口三千五百四十三を以て来投《らいとう》す。浄土及び従官二十四人に衣物・糧料・家舎を給ひ、王都及び州府に安置す。其れ八城は完《まった》く、みな士卒を遣して鎮守せしむ。

李勣《りせき》（五九四―六六九）を遼東道行軍大摠管、郝処俊《かくしょしゅん》（六〇七―六八一）を副摠管とした高句麗討伐軍は、順調に戦果をあげ、高句麗貴族の淵浄土《ヨンジョンド》は十二城・三五四三人を引き連れて投降している。これ以降、唐は新羅軍をも組み込んで、次々に高句麗の諸城を陥落させ、ついに総章元年（六六八）に高句麗を滅亡させるのである。

李勣は、遼東道行軍大摠管に任じられた年には七十三歳になっており、三年後には没する。老将というべきである。『旧唐書』巻六七・列伝一七によると、彼の出身は今の山東省にある曹州《そうしゅう》離狐《りこ》。十七歳で反乱軍に身を投じ、後に李淵《りえん》軍に入る。本名は徐世勣《じょせいせき》であったが、李淵から「李」姓を与えられ、李世民の即位とともに李勣と改名した。李勣は唐の統一戦争で活躍し、太宗・世民《せいみん》からも信頼されるが、晩年には太宗は李勣の才を恐れ、畳州《じょうしゅう》都督に左遷し、彼の忠誠を試した。李勣は素直に任地に赴いたため、高宗は彼を呼び戻し、中書門下三品《ちゅうしょもんかさんぴん》（宰相）とし、朝廷の重鎮の一人とした。武照《ぶしょう》立后の際も、高宗から相談された時に、「これは陛下の家事です」と返答し、立后の口実を与えたため、武后の粛清から逃れることができた。高宗の信頼を受けての遼東道行軍大摠管であろうが、彼の年齢を考えると、宮廷からの排除という目的もあったのではないかと疑いたくなる。

郝處俊は、『旧唐書』巻八四・列伝三四によると、安州安陸《あんしゅうあんりく》の出身。漢書《かんじょ》を好んで読み、暗誦するほどであったという。甑山《そうざん》県公を拝命するが、後に官を辞し帰農する。しかし再び太子司議《しぎ》郎《ろう》を拝命し、吏部侍郎《りぶじろう》となり、乾封二年（六六七）に司列少常伯《しれつしょうじょうはく》となり、高句麗征討軍の副官となっている。列伝によると、郝處俊が高句麗城下で、いまだ陣立てもできていないうちに、高句麗軍が攻めてきて、軍中が大騒動となった。しかし、郝處俊は「独り胡床に拠《よ》り、まさに乾糒《はしいい》を餐《くわ》んとす。乃《すなわ》ち簡《すくな》き精鋭を潜ませ、之を撃敗《うちやぶ》る」という功績をあげ、「将士、多くは其の胆略に服す」という有様であったという。軍人としても有能な人物であったといえよう。

また、郝處俊には、高宗に諫言した逸話が多く残されている。その中の一つは、上元三年（六七六）のことである。高宗は、風疹《ふうしん》が悪化したので武后へ国事を摂知《せっち》させようとした。これに対して、郝處俊が「嘗《かつ》て聞く、礼経に云く『天子の理は陽道、后の理は陰徳』（中略）各、主守《しゅしゅ》する所有《あ》るなり。陛下《へいか》、今、此の道に違反せんと欲《おもわ》す。（中略）況《いわん》や天下は、高祖・太宗二聖の天下にして、陛下の天下に非ざるなり。陛下は正に宗廟《そうびょう》を謹守すべし。（後略）」と諫止した。中書侍郎の李義琰《りぎえん》もこれに賛同したので、高宗は「是《ぜ》」として、提案を取りやめたという。郝處俊の謹厳実直ぶりが窺《うかが》われる逸話であるが、これによって郝處俊は武后から恨まれることになり、彼の孫の象賢《ぞうけん》が武則天《ぶそくてん》に処罰されることになる。

他方、淵浄土《ヨンジョンド》は高句麗の貴族で、彼の息子の安勝《アンスン》は、文武王十年六月に高句麗旧民を率いて窮牟《クンモ》城で蜂起した牟岑《モジャム》大兄に推戴されて王を称することになる。彼らは新羅に向かい、忠誠を申し出て、新羅の西方の金馬渚《クムマジョ》（全羅北道益山市金馬面）に居住することになる（「新羅本紀」第六）。文武王は、同年七月に沙湌《サチャン》須弥山《スミサン》を派遣して、正式に安勝を高句麗王に任じている。新羅は高句麗という国を滅亡させる意図はなく、新羅に従属する形で存続させようとしている。そしてそうすることで旧高句麗民を懐柔しようとしていた。ここにも、新羅が朝鮮三国を統一して、一丸となって唐に対抗しようと計画していたことが感じられる。

ところで、郭務悰が初めて来日し、最終的に二千余人もの駐留軍を率いてやってくるのが、天智三年（六六四）～同八年（六六九）の間のことである。天智三年の郭務悰の来日は、敗戦国日本の現状把握と戦勝国としてのさまざまな要求をなすための使者派遣であったと考えられる。その後、徐々に日本への使者の派遣を行うことで、下準備を行いつつ、一方で、高句麗戦の準備を行っていたということであろう。

その結果、六六八年に高句麗を滅亡させた唐は、いよいよ本格的に日本での羈縻政策を展開させる余裕ができ、二千余人もの軍勢を送ることができたのであろう。天智十年（六七一）正月の法官等の人事記事は、それをさらに一歩進めたものと解することができる。

高句麗の滅亡は、不可解な内紛から発している。淵蓋蘇文の死後、後継者となった男生《ナムセン》が国政を行うために、国内の諸地域を巡回した。いわゆる新莫離支の顔見世である。その間に、弟の男建《ナムコン》と男産《ナムサン》に近づき、兄の男生はあなたがた二人を排除しようと考えているから先手を打つべきです、と助言する者が現れた。一方、男生のもとにも、二人の弟はあなたが帰還するのを恐れて王都に入れないつもりですと告げてきた。こうしたことがあり、両者は疑心暗鬼になり、ついに次弟男建が莫離支となり、男生を討伐し、男生は唐に救援を求めるという事態に発展したのである。

淵蓋蘇文が健在の時は、唐は高句麗を攻めあぐねていた。それゆえ、こうした事態は唐にとっては渡りに船であった。高宗はすぐに男生を受け入れ、特進・遼東都督の官職を授け、平壌道安撫大使を兼ねさせて、玄菟郡公に封じたのである。

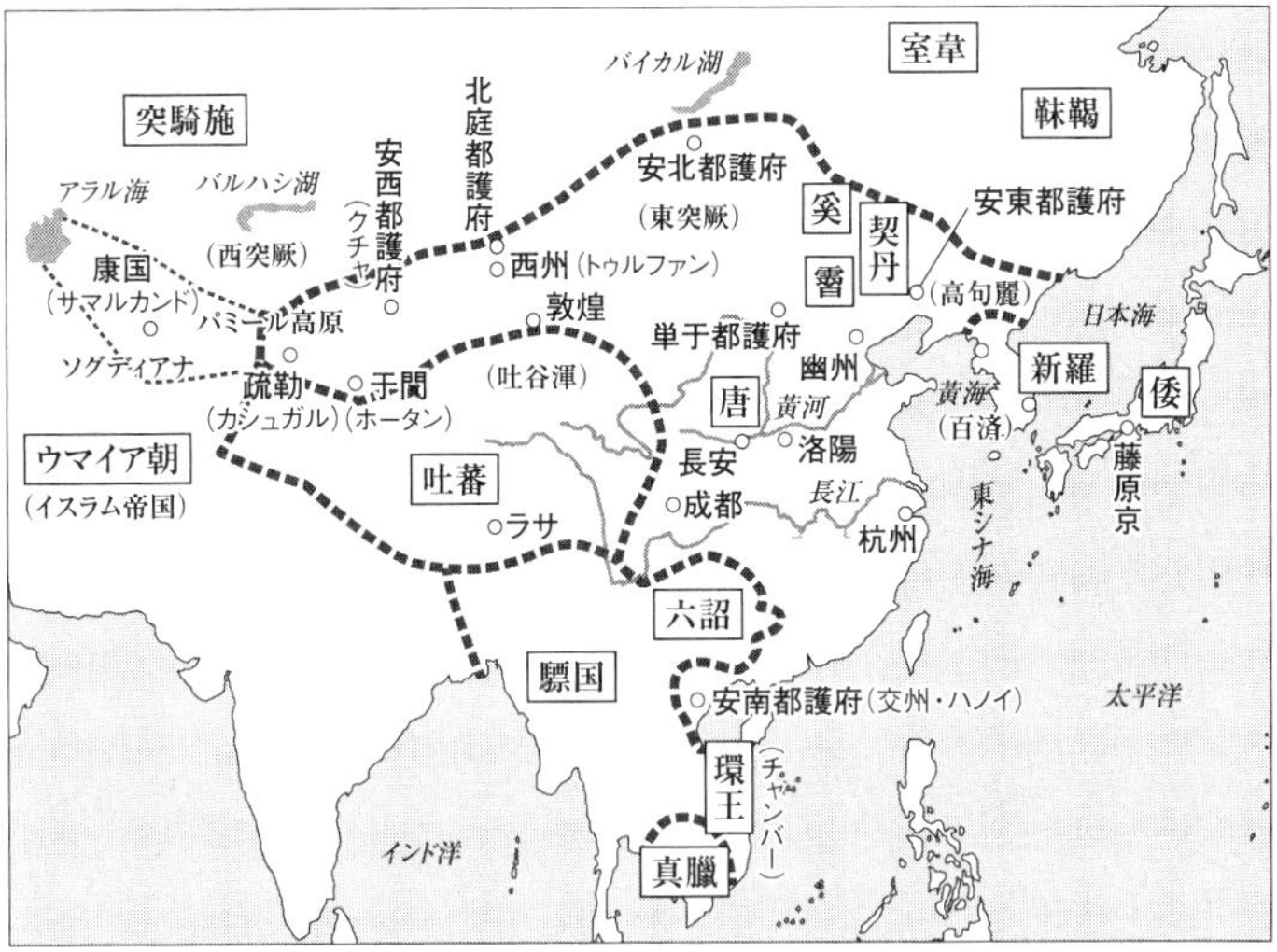

図4-5　7世紀後半のアジア世界
出典:『新・歴史群像シリーズ⑱　大唐帝国』(学習研究社)原図より作成

高句麗内で、いったいなにがあり、このような内紛が起こったのかは不明である。謎の人物が双方に現われて、それぞれに疑心暗鬼を起こさせた様子が「高句麗本紀」に記録されているだけである。単純に考えると、唐による心理作戦なのかもしれない。高句麗は唐と戦っている最中なので、高句麗人同士が相手を引き下ろすために仕組んだ戦略とも考え難いが、絶対とは言いきれない。戦時中は、なにが起こっても不思議ではない。事実、男生も弟二人に追討されそうになった時には、ありえない唐への逃亡をはかっている。

新羅の文武王と旧百済王子の扶余隆が、劉仁願の采配のもとで、熊津の就利山《チイサン》で会盟したのが、この年の八月のことである。唐は、本格的な高句麗討伐の前に、新羅と旧百済の両方の軍勢をも対高句麗戦に心置きなく投入できるように準備をしていたともいえる。

乾封三年（六六八）九月に高句麗は滅亡する。『旧唐書』巻五・本紀第五・高宗下によると、

九月の癸巳《きし》に、司空英国公勣、高麗を破《やぶ》る。平壌城を抜《ぬ》き、其の王高蔵《コジョン》及び其の大臣男建《ナムゴン》等を擒《とりこ》にし、以て帰る。境内《けいない》尽く降《ふ》る。其の城一百七十、戸六十九万七千、其の地を以ちて安東都護府と為《な》し、四十二州を分置《ぶんち》す。

とある。男生の投降以降は、比較的すんなりと遠征に成功したことがわかる。と同時に、唐は高句麗滅亡と同時に都護府を置いて、百済の時と同じように羈縻支配の準備をしていることも見て取れる。

新羅軍の動き

興味深いのは六六八年（文武王八年）の新羅軍の動きである。「新羅本紀」の記事によると、同年六月十二日に、劉仁軌が高宗の命を受けて、新羅軍出動の要請のために党項津《タンハンジン》（京畿道華城郡南陽面）に到着すると、文武王は角干《カクカン》の金仁問を派遣して、劉仁軌一行を大礼で迎えたという。金仁問は文武王のすぐ下の弟である。文武王も仁問も共に若い頃、唐に行き、高宗の側近くに仕

えていた。それゆえ、仁問は劉仁軌たちの接待も心得たものだったにちがいない。

余談であるが、なぜ日本の王家は中国に王子たちを留学させていないのであろうか。三世紀の邪馬台国の時代から日本は中国王朝と関わりをもってきた。文化的にも多くのことを学んできた。そうした長い歴史の中で、日本の朝廷が、朝鮮半島と中華帝国との外交を必要としてきたことは間違いないことである。正式な国交は文献的には遣隋使の派遣を待たなければならないかもしれないが、実態としては金属器文化などをみても、さかんな交流があったはずである。

少なくとも、隋の成立以後は、王子の派遣があっても不思議ではない。廐戸《うまやど》王子の上宮王《じょうぐうおう》家が開明的で、大陸文化への憧憬をもっていたならば、廐戸の王子たちが隋に留学することもありえたはずである。王家の人々が留学するということは、その付き人も多く中国に同行し、中国文化や制度を学ぶ人が増えたことであろう。そうすれば、百済復興の問題が持ち上がった時も、もっと違った判断もありえたかもしれない。その意味では、中臣鎌足が、その息子定恵を唐に留学させたことは、ごく自然な判断ともいえる。

さて、本題にもどるが、同年六月二十一日には、文武王は唐の要請に従って、対高句麗戦の軍の編成を発表する。それは、次のような編成であった。

大摠管…大角干《デカクカン》金庾信
大幢摠管…角干金仁問・欽純《フンスン》・天存《チョンゾン》・文忠《ムンチュン》、迊飡《ジャプチャン》真福《チンボク》、波珍飡《パジンチャン》智鏡《チギョン》、大阿飡《デアチャン》良図《ヤンド》・愷《ゲ》

元《ウォン》・欽突《フムドル》
京停摠管…伊飡《イチャン》陳純・竹旨《チュクチ》
貴幢摠管…伊飡品日《プムイル》、迊飡文訓《ムンフン》、大阿飡天品《チョンプム》
卑列道摠管…伊飡仁泰《インテ》
漢城州行軍摠管…迊飡《ジャプチャン》軍官、大阿飡都儒《トユ》、阿飡龍長《ヨンチャン》
卑列城州行軍摠管…迊飡崇信《スンシン》、大阿飡文頴《ムンヨン》、阿飡福世《ボクセ》
河西州行軍摠管…波珍飡宣光《ソンクアン》、阿飡長順《チャンスン》・純長《スンチャン》
誓幢《ソダン》摠管…波珍飡宜福《ウイボク》、阿飡天光《チョングアン》
罽衿幢《ケクムダン》摠管…阿飡日原《イルウオン》・興元《フンウオン》

この軍事編成を見る限りでは大部隊であった。

翌二十二日には、熊津都督府にいた劉仁願が高句麗の大谷城《テコクソン》（黄海道平山郡平山面）・漢城《ハンソン》（黄海道載寧郡載寧邑）など二郡十二城の服属情報を伝えてきたので、早速、文武王は一吉飡の真功《ジンゴン》を派遣して祝賀を述べている。そして、文武王とは別働隊として、仁問・天存《チョンゾン》・都儒《トユ》らが、七郡の兵と漢城州の兵を率いて、唐の軍営に向かっている。

文武王が新羅の都・慶州を出発して唐の軍営に向かったのは、五日後の六月二十七日であった。ところが、二十九日には金庾信の病状がよくないとの理由で、大摠管の金庾信を慶州に留まらせ、

弟の仁問の軍を唐の李勣軍に合流させて、嬰留山《ヨンリユサン》まで進めさせた。「新羅本紀」の記事を見ることにしよう。

二十九日に、諸道の摠管発行す。王、庾信の病風《びようふう》を以ちて、京《みやこ》に留《とど》めしむ。仁問《インムン》等、英公に遇《あ》ひ、軍を嬰留山《ヨンリユサン》の下に進む。嬰留山、今、西京の北二十里に在り。秋七月十六日に、王、漢城州に行きて次《やど》り、教諸摠管をして、大軍に往会《おうかい》せしむ。文穎《ムンヨン》等、高句麗兵と蛇川《サチヨン》の原に遇い、対戦し、之を大いに敗る。九月二十一日　大軍と合ひ、平壌を囲む。高句麗王、先ず泉男産《チヨンナムサン》等を遣し、英公に詣で、降を請はしむ。是《ここ》に於いて、英公、王宝蔵《ポジヨン》・王子の福男《ボクナム》・徳男《ドクナム》・大臣等を以て、二十余万口を唐に廻らす。角干の金仁問・大阿湌《デアチヤン》の助州《ソス》、英公に随ひて帰る。仁泰《インテ》・義福《ウイボク》・藪世《スセ》・天光《チヨングアン》・興元《フンウオン》も随行す。

初め大軍、高句麗を平ぐ。王、漢城を発して、平壌を指《めざ》す。次《つい》で肹次《ヒルチヤ》城で、唐の諸将の已《すで》に帰るを聞き、漢城に還《かえ》り至る。

以上のようで、文武王の軍は漢城州まで来たものの、そこからは動かず、諸摠管にも唐軍のもとに集結するように命じるにとどまった。わずかに卑列城《ビヨルソン》州行軍摠管の文穎《ムンヨン》軍が高句麗と戦闘を行ったが、他の新羅軍は平壌城を遠巻きに取り囲むだけで、戦闘には参加していない。そして、

図4-6　慶州・統一殿に掲げられた文武王像

高句麗軍の降伏となる九月二十一日を迎える。

九月二十一日の記事を見る限りでは、英公李勣の働きはあるが、新羅軍が戦闘をしたという記事はない。文武王は、唐軍が高句麗を平定した知らせを聞き、ようやく漢城を出発して、平壌に向かっている。しかし、文武王の軍隊が肹次《ヒルチャ》城に到達したときには、唐軍はあらかた帰国してしまっており、そのことを聞いた文武王は軍を引き返させて漢城に戻っている。

つまり、高句麗戦の最終段階では、文武王率いる新羅軍は、恰好だけは大編隊であるが、のらりくらりと戦場には向かわず、実際の高句麗との戦闘は唐軍にだけさせて、新羅軍はほとんど参加しないで終わらせているのである。もちろん「新羅本紀」に記されていない戦闘では、新羅軍の中には唐軍に編成されて、実際の戦闘に参加した軍隊も存在したであろう。しかし、基本方針としては、新羅はできるだけ高句麗戦に参加しない姿勢であったといえよう。

そこには、近い将来への伏線があった。

第一に、対唐戦争に備えて、できるだけ新羅軍を温存すること。

写真4-3　韓国・慶州市にある金庾信墓

第二に、高句麗兵を新羅軍に取り込むため、できるだけ高句麗軍との直接戦闘を避けて、恨みを買わぬこと。

以上の二点が、新羅軍が目指した戦略だったに違いない。

新羅は次々と策略を打ちだしてきた。九月十二日の高句麗滅亡が確定する前に、文武王は沙喙級飡金東厳等を日本に派遣し、同日の九月十二日に到着させているのだ。新羅から日本への移動距離を考えると、七月十六日に文武王軍が漢城に陣を張って時間稼ぎをしていたころに、指令を出して、金東厳等を慶州から日本に向かわせたのかもしれない。

かつて新羅は、百済の南進に責められ、唐に救援を求めた。唐の救援軍が半島に乗り出して来ると、いずれは半島全体が唐に支配されることは目に見えていた。しかし、独力で百済に対抗できない以上、まずは唐の軍事力を利用して百済の南進を防ぐしかなかった。しかし、唐は百済を羈縻支配下に置き、次いで高句麗征討に成功すれば、残るは新羅だけとなる。いずれ唐の支配が新羅に及んでくるのは理のしからしむるところだ。そうなっては、なんのために百済の侵攻を食い止めたのかわからないことになる。

新羅が生き残る方法は一つしかなかった。

まず、百済を唐の軍事力で排除する。しかし、唐が百済を羈縻支配する間に、できるだけ百済官人・百済武将を取り込み、新羅の勢力を高める。唐が高句麗征討に取り掛かった段階では、できるだけ高句麗戦には参加せず、新羅軍を温存する。さらに高句麗の残党を新羅に取り入れ、それをも新羅の勢力とし、最終的には朝鮮半島の南半分を新羅領として、唐に対抗できる勢力を築く、といったものだった。事実、六七四年に新羅は高句麗の反乱軍を保護している。

新羅は日本対策も考えていたであろう。百済が滅亡した今、日本は新羅にとって、もっとも近い隣国であった。唐に敗戦した日本が、唐に同調して、反新羅の姿勢をとるようになるのは望ましくない。これまでは、新羅自身が表面的には、唐に同調する姿勢を見せてきた。しかし、高句麗が唐に征服された今は、新羅自身が唐に正対することになる。日本は敵にすべき国ではなく、味方にすべき国である。そのためには、日本に積極的に使者を派遣し、唐の思惑が朝鮮半島全体の羈縻支配にあり、その中には海を越えた日本も含まれていることを知らせ、新羅の立場を理解してもらわなければならなかった。

第五章
律令国家への道

新羅の反唐政策

高句麗を征討し、文武王を鶏林《ケリン》州大都督に任命し、新羅にも徐々に羈縻政策を展開しようと考えていた唐の予想しない事態が発生した。新羅の反抗である。

唐が新羅の反抗をまったく予想していなかったわけではないであろう。しかし、新羅の軍事力を甘く見て、油断していたことは事実であろう。

まず、文武王十年（六七〇）六月に高句麗遺民たちの抵抗事件が起こった。「新羅本紀」第六によると、

> 六月に、高句麗の水臨《スリム》城の人・牟岑《モジャム》大兄、残民を収合し、窮牟《クンモ》城より浿江《ペガン》（大同江）の南に至り、唐官人及び僧法安《ポムアン》等を殺し、新羅に向きて行く。西海の史冶《サヤ》島に至り、高句麗大臣淵浄士の子安勝《アンスン》に見《まみ》え、漢城の中に迎へ致し、以て君として奉る。小兄の多式《タシク》等を遣して、哀告して曰く、
> 「滅びし国を興して絶えし世を継ぐは、天下の公義なり。大国に是《これ》を望まんと惟《おも》ふ。我国の先王、道を失ふを以て滅されん。今、臣等、国の貴族の安勝を得、以て君として奉る。願はくは、藩屛《はんぺい》を作《な》し、永世《えいせい》に忠を尽くさんと。」

王、之《これ》を処《しょ》するに国の西の金馬渚《クムマジョ》とす。

高句麗の水臨城（京畿道長湍郡江上面臨江里か）にいた牟岑《モジャム》は、高句麗遺民を糾合して、唐の官人と僧侶の法安を殺害して、新羅に亡命してきたのである。その途中、西海の史冶島（京畿道富川郡徳積面蘇爺島か）で、もと高句麗の大臣淵浄土の子・安勝と出会い、彼を推戴《すいたい》して君主とした。そのうえで、彼らは新羅王に対して、自分たちは新羅の藩屏となって忠誠を尽すので、王室の再興を認めてほしいと願い出ている。

牟岑がどういう人物かは不明であるが、『唐書』巻二二〇・列伝一四五・東夷・高句麗条には「鉗牟岑《かんむしん》」、『資治通鑑』巻二〇一・唐紀一七に「剣牟岑《けん》」と記されている。『唐書』には、総章二年（六六九）に高句麗民三万を江淮、山南に移そうとした際に、「大長の鉗牟岑、衆を率ゐて反し、蔵の外孫安舜を立てて王と為す」と記されていて、「安舜」は宝蔵王の外孫とされている。淵浄土は淵蓋蘇文の弟であるから、安舜（安勝）は宝蔵王の外孫であった可能性も十分ある。しかし、『唐書』には「舜、鉗牟岑を殺して新羅に走る」とあり、『資治通鑑』にも「安舜、剣牟岑を殺して新羅に奔《はし》る」とあり、安舜が新羅に向かったのは、鉗牟岑の殺害後とされている。自分を王に擁立してくれた牟岑を殺害したというのは不可解であるが、これは中国側の史料にだけ書かれていることなので、実態はよくわからない。

村上四男は、「新羅と小高句麗国」において、牟岑たちの反乱が起こり得た第一の原因は、唐の無理な羈縻政策にあったとする。「比較的に統治がうまくいった遼東においても、六七二年にはじめて州県が設けられているくらい」で、唐が考えた九都督府・四十二州・一百県の設置は、「机上のプランに過ぎなかった」と評価する。そのうえ、唐は「高句麗人の豪強者約三万戸を中国内地（江南の南、山南、京西諸州）の空曠地に移し、貧弱者をして安東を守らしめるという挙に出た」ため、旧高句麗人の憤懣が抑えがたいものとなり、牟岑の呼びかけにも容易に賛同した、とされる。

ただ、村上も牟岑が安勝に殺害された理由については、「高句麗人同志間における反目、或は、また新羅と牟岑との間に和戦についての意見の不統一があったのかもしれない」と述べるだけで、不明のままとしている。

他方、盧泰敦氏は、『古代朝鮮 三国統一戦争史』の中で、

葛藤の具体的要因は伝わらないが、前後の動きをみると、剣牟岑らは、高句麗の地に根拠地をおいて遺民を中心に復興運動を行なうことを主張したのに対し、安勝は、強力な唐軍の鋭鋒を避けて新羅の地に移り、新羅軍と協力して戦闘を展開することを強調したようである。両者の意見対立は、唐軍の圧力が強くなるにつれ先鋭化して、ついに六月、安勝が剣牟岑を殺して新羅に渡った。（二〇五頁）

と述べる。意見の対立があったとしても、自分を擁立した人物を殺す動機にはかんたんにはならない。盧氏の説は、史料的根拠も示していないことゆえ、すぐに肯定できる説ではない。この事件は、百済復興軍の鬼室福信に擁立された余豊璋が、福信を殺害してしまう事件と似ているともいえる。

いずれにしても、新羅の文武王は彼らの主張を認めて、安勝たちを新羅の西方・金馬渚に集住させた。これは、高句麗を滅亡させた唐に対する敵対行為を意味していた。

さらに「新羅本紀」によると、文武王は、七月には旧百済領を攻めて、六十三城を陥落させている。軍事行動を明確に起こしたわけである。そして、同年八月に、先の安勝に冊命書を送っている。その冊命書には、

これ咸亨元年歳次（六七〇）庚午《こうご》の秋八月一日辛丑《しんちゅう》に、新羅王、高句麗の嗣子《しし》安勝に致命《ちめい》す。公の太祖中牟《チュンム》王、徳を北山《きたやま》に積み、功を南海《なんかい》に立つる。威風、青丘に振《ふ》るい、仁教《にんきょう》、玄菟を被《おお》う。子孫相継ぎ、本支絶えず、地は千里を開き、年まさに八百。建・産の兄弟に至り、禍《わざわい》、蕭墻《しょうしょう》に起り、釁《あらそい》、骨肉に成り、家国破亡し、宗社湮滅《いんめつ》し、生人波蕩《はとう》し、心を託す所無し。（中略）先王の正嗣は、ただ公のみ。祭祀を主《つかさど》るは、公に非ずして誰ならん。謹んで使として一吉飡《イルキルチャン》の金須彌山《キムスミサン》等を遣して、就《すなわ》ち公に策命《さくめい》を披《ひら》きて高句麗王と為《な》す。

とある。文武王にしてみれば、かつて大国であった時の高句麗は脅威である。しかし、今の安勝たちは新羅に敵対する存在ではない。むしろ、新羅がこれから戦わねばならない唐軍に反抗する勢力である。新羅としては、彼らを保護することになんら問題はない。むしろ、対唐戦に備えて、高句麗遺民を味方につけておいた方が得策である。

もともと新羅は唐が半島全域に羈縻《きび》体制を敷こうとしていることには気づいていた。唐は、あくまで、それを想定した上での戦略上の同盟軍であった。ある時期が来れば、唐とは袂《たもと》を分かち、戦う以外に道はなかった。その意味で、安勝たちの存在は、新羅に大義名分を与えてくれる有用な存在であったといえる。

実際の戦闘は、翌年の文武王十一年（六七一）から始まった。「新羅本紀」をみよう。

> 十一年（六七一）春正月に、伊飡《イチャン》の礼元《レウォン》を拝して中侍と為す。
> 兵を発し、百済を侵す。熊津の南にて戦い、幢主《タンス》の夫果《プクァ》、死す。
> 靺鞨《まつかつ》の兵来りて、舌口《ソルク》城を圍《かこ》む。克《か》たずして、まさに退出せんとするに、兵之《これ》を撃ち、三百余人を斬殺す。
> 唐兵の来たりて百済を救はんと欲するを聞きて、大阿飡《デアチャン》真功《ジンゴン》・阿飡□□□□（ママ）を遣して、兵に甕浦《オンポ》を守らしむ。（後略）
> 夏四月に、興輪《フンリョン》寺の南門に震《しん》す。

写真5-1　百済最後の都があった韓国・扶余の扶蘇山城に復元された泗沘楼

六月に、将軍竹旨《チュクチ》等を遣して、兵を領《ひき》ゐて、百済の加林《カリム》城の禾《いね》を践《ふま》しむ。遂に唐兵と石城《ソクソン》にて戦ふ。首五千三百級を斬り、百済の将軍二人と唐の果毅《かき》六人を獲《え》る。

秋七月二十六日に、大唐の摠管薛仁貴《せつじんき》、琳潤《りんじゅん》法師を使し書を寄せて曰はく、行軍摠管薛仁貴、書を新羅王に致す。

戦闘は新羅の熊津攻撃から始まっている。この戦闘では幢主の夫果《プクア》が戦死している。『三国史記』列伝第七・驟徒条によると、幢主の夫果は沙梁《サリヤン》部（慶州市西岳里から塔里一帯）の出身で、奈麻《ネマ》聚福《ジュプク》の長男である。夫果はこの戦いの論功の第一とされているから、激しい戦闘ぶりを見せたのであろう。弟に驟徒《ジュト》と逼実《ピプシル》がいるが、この二人も前後の戦いで戦死している。その後、唐に派遣されている靺鞨兵たちとの戦闘がはじまり、三百余人を斬殺している。唐軍は先鋒を靺鞨兵にさせ、自軍は熊津の救援軍にまわっている。

六月の戦闘でも、新羅の将軍竹旨《チュクチ》の部隊が石城（忠清南道扶余郡石城面）で唐軍を蹴散らし、斬首五千三百を得、二人の将軍と六人の果毅（折衝府の副官で戎具資糧を掌る）を捕獲している。圧倒的な強さであった。そこで、唐は秋七月に薛仁貴を摠管として登場させ、琳潤《りんじゅん》法師を使者として派遣し、信書を文武王に送り、説諭を試みている。

薛仁貴は高句麗滅亡後、平陽郡公に任じられ治所に新城を築いていたが、咸亨元年（六七〇）に大非川の戦いで吐蕃《とばん》に敗北を喫し、官職を剝奪《はくだつ》されていた。しかし、この対新羅戦が起こり、再起用されたのである。『旧唐書』巻八三・列伝第三三は「高麗衆、相率《あいひき》ゐ復《ま》た反す。詔《みことのり》して仁貴を起て鶏林《ケリン》道総管と為《な》し、以て之《これ》を経略す」と記す。この時、薛仁貴は五十八歳。円熟した将軍の起用といえよう。

しかし、新羅は不抜の精神で唐と戦い抜こうとしていた。その結果、文武王十六年（六七六）に新羅軍は唐連合軍を壊滅させ、熊津都督府は熊津から撤退し、新城（中国遼寧省撫順市関山城）への移転を余儀なくされ、事実上閉鎖した。さらに六七八年に平壌城に置いていた安東都護府も同時に遼東故城（遼寧省遼陽市北西）に移した。これまた唐の朝鮮半島からの撤退といえよう。『資治通鑑』巻二〇二・高宗儀鳳二年（六七七）正月条は、次のように記している。

初めに劉仁軌、兵を引き熊津より還る。扶余隆、新羅の逼《せま》ることを畏《おそ》れ、敢《あえ》て留《とどま》らず、ついでまた朝《ちょう》に還《かえ》る。二月の丁巳《ていし》に、工部尚書の高蔵《コジャン》を以て遼東州都督と為《な》し、朝鮮王に封じ、遼東に遣《つかわ》し帰す。安輯《アンシプ》の高麗の余衆で、高麗の先ず諸州に在る者は、皆、蔵と倶《とも》に遣して帰す。又、司農卿扶余隆を以て熊津都督と為し、帯方王に封じ、また安輯《アンシプ》の百済の余衆を遣し帰す。仍《よ》て安東都護府を新城に移し、以て之を統べしむ。時に百済の荒れ残りしは、隆に命じて高麗の境に寓居せしむ。蔵は遼東に至り謀叛す。潜《ひそか》に靺鞨と通ず。召喚して邛州《きょうしゅう》に徙《うつ》すに死す。散じて、其の人を河南《かなん》、隴右《ろうゆう》の諸州に徙す。貧者は安東城の傍に留む。高麗の旧城は新羅に没す。余衆散じて靺鞨及び突厥に入る。隆もまた竟《つい》に敢て故地に還らず。高氏・扶余氏、遂に亡ぶ。

とある。ここに見える「高蔵《コジャン》」とは、高句麗最後の宝蔵《ポジャン》王のことである。彼は高句麗滅亡後、長安に連行されるものの、処刑されず、司平大常伯・員外同正に任命されていたのである。新羅が唐に反抗しなければ、彼の人生はそのまま長安で平穏におくれたかもしれない。

ところが、唐が朝鮮半島から撤退する事態となり、遼東地方の抑えとして、もとの高句麗王であった宝蔵王が遼東州都督・朝鮮王として遼東に送りこまれることになった。宝蔵王は故地に戻ったことと、高句麗遺民を擁したことで、唐に敵対してしまい、邛州《きょうしゅう》（四川省温江邛崍県）に流刑《るけい》となり、そこで没することになる。

百済王子であった扶余隆も熊津都督に就任していたが、新羅の抵抗にあい、唐軍と共に撤退せざるを得なくなり、二度と故地に戻ることがなかった。新羅の抵抗は、二人の王族と彼らに関与した人々の運命をも変えてしまったわけである。

写真5-2　扶余隆壇（韓国・扶余郡陵山里）

近江令の制定

これらの新羅対唐の戦闘は、はからずも日本に平和をもたらした。

唐は安東都護府・熊津都督府の二つの拠点を確保し、新羅をも傘下《さんか》に収めることで、遠い日本の遠隔操作をも可能としていた。ところが新羅が半島を統一し、日本の前に立ちはだかるとなると、唐としては日本に強力な律令支配、羈縻支配を及ぼすことが不可能になった。

ところが、その前に日本には律令や兵制を整えるべく、唐から専門家たちが送り込まれていた。結果的に、日本としては彼らから知識を吸収し、唐とも新羅とも平和的外交を維持《いじ》することで、微妙なバランスのもとに独立性を保つことができたわけである。天智たちと金東厳《キムドンオム》たちの話し合いはどのような内容であったかは不明であるが、彼の帰国後に、新羅は徐々に反唐体制を顕著化していったことは注目すべきことである。

天智としては、むしろ敗戦を機に、これまでの大和朝廷の統治方式を反省することができた。豪族合議制では、難局に対峙した時には、議論が定まらず、対外的な交渉が難しくなることもわかった。つまり指導力のあるリーダーとそれを補佐するスタッフの組織化の必要性を実感したのである。官僚制の整備である。また対外戦争に際して、個別に豪族の兵たちを招集するよりは、国家の正規軍を編成し、徴兵システムを律令によって整えるべき必要性もはっきりした。これらを行うための財源として税制の確立が必須であった。短い期間ではあったが、熊津都督府から派遣された唐のスタッフによって、律令制の合理性が近江朝の重臣たちにも理解できたはずである。

唐のスタッフの引き揚げによって、律令のうちの律は着手されないままに終わったが、近江令の基幹部分はできあがっていた。あとは日本の実情と照らし合わせながら、唐の永徽令《えいきれい》をアレンジしていけば次第に整ってくるはずであった。そして、あの唐をも半島から追い出すことに成功した新羅の政治体制も見習わなければならない。このような事情のもとに、日本の律令制が整備されていったと考える時、新羅律令の影響などが見出されるのも、ある意味、自然なことと言えよう。

鈴木靖民氏の「日本律令の成立と新羅」によると、

1　官職の四等官《しとうかん》制は唐にない制度で、新羅の令・卿・大舎・史の四等官制を模倣したもの。
2　内外位《ないげい》制は、もとは隋の制を模したものであるが、機能的には新羅の実態をみて採用した可能性がある。
3　太政官―中務省《なかつかさ》の編成も新羅の上大等を頂点に、下に府・部・典・署を属《つ》けた方式が参照された。
4　浄御原令《きよみはらりょう》下の兵政官《へいせい》も新羅の兵部をもとにして作られた。
5　浄御原令の学令《がくりょう》の一部、喪葬の制も新羅の規定と同じ。

といった共通性が日本と新羅の律令に見いだせるという。そうしたうえで鈴木氏は、

七世紀末の日本の律令制の受容は、通説的な唐の永徽律令をもとに法典の編纂に着手したというのみでは不正確である。他方で、交流の盛んな新羅において律令受容が行われていた事実、新羅から文字文化などが日本に伝播し、そうした新羅文化をもたらした人たちの相互交流の事実があり、さらに持統朝の時期に新羅の「国政」の「奏請」が何度も行われた事実（『日本書紀』持統元年九月・九年三月条など）がある。天武朝以降の神祇信仰と仏教に対する政

策の画期性と新羅からの影響についても政治、思想の面のかかわりで看過できない。（三〇〇頁）

と指摘する。残念ながら、鈴木氏は近江令の存在については触れていない。主として天武の命で編纂された浄御原令についての見解である。それは天武・持統朝において新羅との通交が盛んになるという現象に注目したためと、現在には近江令が伝わっていないことの二つの理由からしかたのないことである。

四等官制については、早くに鬼頭清明（『白村江——東アジアの動乱と日本』）の次のような指摘もある。

新羅における律令法の継受の仕方が大きな影響をあたえたらしい。それだけではなく、新羅の固有の制度が日本へはいってきたものもある。律令官制にみえる四等官の制度で、長官・次官・判官・主典という官人の序列は、新羅の固有の制度であって、日本はそれをそのまままねたのである。これは日本の支配者がみずからの支配体制を再編成するにあたって、唐の律令法をそのまま受け入れるより、はるかに社会情勢がよく似ていて、共同体的遺制の強く残っていた新羅の方針や制度をまねたためであろう。（一九〇—一九一頁）

四等官制は、古代日本の中央官制、地方官制の基本となっている。各官司には「長官《かみ》・次官《すけ》・判官《じょう》・主典《さかん》」という四等の官職がある。もっとも『国史大辞典』の「四等官」の解説（時野谷滋執筆）によると、この四等官という呼称は、「唐の名例律が公罪の場合の連坐制について」四等の職階ごとに罪一等を減じることを規定した律の条文用語にもとづくという。ただし「唐では官制が錯雑しているので四等官という用語はこの場合のほかに使う意味をもたない」と注意している。ようするに「四等官」という呼称自体は唐の名例律に由来するが、実態としては別であるということである。

しかし、律令官僚制の根幹となる官司の構成が、唐ではなく新羅のものが採用されたことの意味は大きい。浄御原令を編纂した天武朝がいかに新羅の影響を受けていたかということの一つの証左となる。そして、その新羅との関係の始まりは、この天智朝末年に求められるということを忘れてはならない。金東厳《キムドンオム》が帰国したあとも、天智八年九月十一日に新羅から沙飡《サチャン》督儒《トユ》が来朝し、同九年九月一日には日本から阿曇連《あずみのむらじ》頰垂《つらたり》が新羅に派遣され、同十年六月に新羅からの使者が水牛・山鶏をもたらし、同十年十月七日には沙飡《サチャン》金万物《キムマンムル》が来朝し、同十年十一月二十九日には日本から新羅王に絹・絁《あしぎぬ》・綿・韋《おしかわ》を贈る、といった密なる交流が見いだせるのである。

ついで、鈴木氏は、新羅の官制が非中国的で、「豪族たちの伝統的で厳格な身分体系である骨品制によって強く規定されていた」ことを指摘し、「唐風官制の受容が実際には皮相的な官号改易程度のままに終わったのも、骨品制の桎梏による」（前掲論文、二九八頁）と述べる。

新羅が唐の律令制だけではなく、独自の古来よりの骨品《こっぴん》制や「法」を守り続けられたのは、新羅が敗戦国ではなかったからであろう。逆にそのために、新しいシステムである律令制を全面的に取り入れることができず、「骨品制の桎梏《しっこく》」に縛《しば》られたともいえる。百済との戦争、唐と連合して戦った高句麗戦、そして最終的には唐との戦いに勝利し得たのも、新羅の諸貴族の協力が得られたからであった。それら貴族の権益を無視することは新羅王家にはできなかったし、諸貴族もさせはしなかった。それが、新羅をして完全なる律令制への移行を不可能ならしめた理由であろう。

その点、日本は敗戦国であり、短い期間であったが、完全に唐の羈縻支配下にあったため、比較的古い体制を排除し、律令制の優れた点に気付き、全面的に吸収することができたといえよう。これも遠い例であるが、第二次世界大戦で敗北した日本が、新しい日本国憲法のもとで飛躍的な国家発展を成し得たことと類似している。もし、近代日本が第二次世界大戦で敗北せず、軍部主導の政策が展開され続けたならば、現状のような日本の民主化は立ち遅れたであろう。敗戦というリセットが有効に機能した好例である。考えてみれば、隋や唐が律令を国家システムとして導入できたのも、新王朝であり、旧王朝を倒してリセットできたからである。隋も唐も本貫地を離れることで桎梏をなくし、「中華」の都に政府を置いたことが、新システムの導入を可能にしたのであろう。その点、旧都にこだわった新羅は、桎梏から脱することはできなかったのである。

日本でも孝徳朝や推古朝に帰国した留学生・留学僧から唐の律令がもたらされたと考えられる

が、それらが全面的に導入されなかったのは、大和の豪族たちの権益との関係性があったからであろう。それが、白村江の敗戦、唐からの羈縻政策という非常事態によって、豪族たちは自己の権益を主張できなくなり、唐からの使者たちによる律令政策を受け入れざるを得ない状況が生まれた。しかし、それは完成することはなかった。前述したように、唐が朝鮮半島からの撤退を余儀なくされたからであった。しかし、そのおかげで日本は国情に合った律令編纂を行う時間と自由を得、最終的に大宝律令へと結実していくことができたのではないだろうか。

天智紀の外交の記事の重複

新羅との外交のために筑紫に派遣された蘇我赤兄《そがのあかえ》のことはすでにふれたが、それに関連させて考えなければならないのが、天智八年（六六九）是歳条の郭務悰の再来日の記事である。

是《こ》の歳《とし》（六六九）に、小錦中《しょうきんちゅう》河内直《かわちのあたい》鯨《くじら》等を遣して、大唐《もろこし》に使《つかい》せしむ。又、佐平余自《さへいよじ》信《しん》・佐平鬼室集斯《きしつしゅうし》等男女七百余人を以《も》ちて近江国蒲生郡《おうみのくにがもうのこおり》に遷《うつ》し居《お》く。又、大唐、郭務悰《かくむそう》等二千余人を遣せり。

天智政府は、バランス外交で河内直《かわちのあたい》鯨《くじら》たちを唐に派遣している。天智としても、新羅と東アジアにおける平和外交を展開しながらも、日本の安全を万全に考えなければならなかった。まずは、唐に対して、百済復興軍に加担したものの、叛意はなかったと釈明し、日本の扱いを考慮してもらえるように、外交戦略を展開せねばならなかった。そして、亡命してきている百済人たちの安全も確保しなければならなかった。

余自信と鬼室集斯を代表とする百済人七百人ばかりを近江国蒲生郡に移し、そこに居住地を提供した。天智主体にこの記事を読めば、このような解釈になるが、前述したように、百済人の近江移住は唐の指示の可能性も考えなければならない。その移住先が蒲生野であることも注意を引く。ここは、先に天智たちが薬猟《くすりがり》を行った地域である。かの薬猟もたんに気晴らしではなく、この時のための下見を兼ねていた可能性もある。

百済人のリーダーとして名前が挙がっている余自信は、白村江の敗戦後に、引上船で日本に渡ってきた百済の貴族である。鬼室集斯は、天智四年二月是月《このつき》条に「佐平福信の功を以ちて鬼室集斯に小錦下を授く」とあるから、百済復興軍リーダーであった鬼室福信の近親者と考えられる。

ここで重要なのは郭務悰の来朝記事である。郭務悰が二千余人を引き連れて来朝したというのである。ところが、これと同じ記事が天智十年十一月十日条にも見える。

> 唐国《もろこし》の使人《つかい》郭務悰《かくむそう》等六百人、送使《そうし》沙宅孫登《さたくそんとう》等一千四百人、総合《すべ》て二千人、船四十七隻《せき》に乗りて、倶《とも》に比智島《ひちしま》に泊《は》て、相謂《あいかた》りて曰《いわ》く、「今し、吾輩《われら》が人船数衆《ひとふねかずおお》し。忽然《たちまち》に彼《かしこ》に到らば、恐《おそ》

るらくは、彼《そ》の防人《さきもり》驚駭《おどろ》きて射戦《いたたか》はむ」といふ。

使者が郭務悰であることといい、人数といい、まったく同じである。多くの研究者は、天智八年の記事を、同十年の記事の重出と考えている。しかし、注目してほしいのは、天智八年十二月の「大蔵《おおくら》に災《ひつ》けり」という記事である。大蔵とは近江・大津京にある大蔵をさす。とすると、これは天智十年十一月二十四日の「近江宮《おうみのみや》に災《ひつ》けり。大蔵省《おおくらのつかさ》の第三倉より出でたり」という記事と同じである。ここにも重出が見いだせる。郭務悰の来朝と大蔵の火災記事がセットで重出しているのである。

従来は、記事の詳細さだけから、天智十年の記事を本来と考えてきた。しかし、六七一年は新羅が反唐政策をはっきりと示した年である。この年の七月に、文武王は、唐の羈縻支配下にある旧百済領内に所夫里《そふり》州を設置し、阿飡《アチャン》真王をその都督とした。これが、旧百済領に関する新羅の領土的主張であることは唐にもはっきりとわかった。

さらに『三国史記』「新羅本紀」第七・文武王十一年（六七一）九月・十月に次のような記事がある。

九月に、唐の将軍高侃《こうかん》等、蕃兵《ばんぺい》四万を率ゐて平壌に到り、溝《みぞ》を深くし、壘《るい》を高くし、帯方《デバン》を侵す。

冬十月六日に、唐の漕船七十余艘を撃《う》ち、郎将鉗耳大侯《カミテフ》・士卒百余人を捉《とら》ふ。其の淪《しず》みて死せる者、勝《あげ》数《てかぞ》ふべからず。級飡《クプチャン》の当千《タンチョン》、功第一にして、沙飡《サチャン》を授位す。

これによると、唐は高侃《こうかん》将軍を派遣して、蕃兵四万でもって平壌城の堀を深く掘らせ、石組も高くして新羅の攻撃に備えたうえで、帯方郡方面に進撃した。七月の新羅による所夫里州設置に対する行動であることは間違いない。一方、新羅は唐の軍船七十余艘を攻撃して、敵将鉗耳大侯《カイテク》以下百余人の捕虜を得、水没させた敵兵は数えられないほどであったという。このことは、『旧唐書』本紀巻五・咸亨三年（六七二）是冬条に、

是《こ》の冬に、左監門大将軍高侃《こうかん》、新羅の衆に横水《フインス》にて、大敗す。

とあるのに相当する。六七一年と六七二年と、一年の違いがあるが、井上秀雄氏は「新羅本紀の記事について、「この九月条の記事は、『旧唐書』巻五咸亨三年是冬条・『冊府元亀』巻三五八将帥部立功高侃伝などによる。文武王十二年七月・八月両条を要約したものとする説がある」（井上秀雄訳注『三国史記1』二四五頁注五四）と指摘している。

この状況では、日本どころか、半島にすら唐軍は駐留できる状態ではなかった。当然のことながら、日本に対する羈縻政策は中止せざるを得なかった。つまり、郭務悰が二千人もの人員を引

き連れて来日した時期としては、天智十年では遅すぎるのである。この記事は、新羅の反唐政略がまだ顕在化していない天智八年と考えるのが妥当であろう。

郭務悰引率の二千余人

順調に進んでいた日本の羈縻政策は、新羅の唐に対する反抗によって阻止された。というよりは、これまで見てきたように、高句麗が滅亡した以上、次に唐が着手するのは半島の完全支配である。新羅にとって、それだけは避けなければならなかった。文武王は、唐に従う姿勢を見せながらも、百済遺民の有能な人材を採用し、高句麗遺民で新羅に従う人々を受け入れるなど、着々と対唐戦の準備を進めていた。そして、ついに文武王十一年（六七一）に決戦の火ぶたが切られたのである。

そしてもっとも注意を喚起《かんき》されるのは、郭務悰が引き連れてきた二千余人もの駐留軍の存在である。まずは『日本書紀』天智十年の記事を全文見ることにしよう。

十一月の甲午《こうご》の朔にして癸卯《きぼう》（十日）に、対馬国司《つしまのくにのみこともち》、使《つかい》を筑紫大宰府《つくしのおおみこともちのつかさ》に遣《まだ》して言《もう》さく、「月生《つきた》ちて二日《ふつかのひ》に、沙門道久《どうく》・筑紫君薩野馬《つくしのきみさつやま》・韓島勝《からしまのすぐり》娑婆《さば》・布師首磐《ぬのしのおびといわ》四人、唐《もろこし》より来《きた》りて曰《もう》さく、『唐国《もろこし》の使人《つかい》郭務悰等六百人、送使沙《そうしさ》宅孫登《たくそんとう》等一千四百人、総合《すべ》て二千人、船四十七隻に乗りて、倶《とも》に比智島《ひちしま》に泊《は》て、相謂《あいかた》りて曰く、「今し、吾輩《われら》が人船数衆《かずおお》し。忽然《たちまち》に彼《かしこ》に到らば、恐るらくは、彼《そ》の防人驚駭《おどろ》きて射《い》戦はむ」といふ。乃《すなわ》ち道久《どうく》等を遣して、預《あらかじ》め稍《ようやく》に来朝《まいけ》る意《こころ》を披陳《ひらきもう》さしむ』とまをす」とまをす。

写真5-3　対馬鰐浦展望台からの景色

まず、対馬の国司から筑紫大宰に報告が届く。今月の二日に、唐国より沙門道久《どうく》・筑紫君薩野馬《さつやま》・韓嶋勝娑婆《からしまのすぐりさば》・布師首磐《ぬのしのおびといわ》の四人が帰国してきた。そして彼らが告げるには、郭務悰と沙宅孫登が船四十七艘に分乗して、二千余人の人々を引き連れて来る。これだけの人数がいきなり前触れもなく現われると驚き、攻撃をしかねないだろうから、我々を先触れとして遣わしたのだと。

先触れとして遣わされた四人の内に、筑紫君薩野馬という人物の名が見いだせる。彼は持統四年（六九〇）十月二十三日の記事に登場する人物である。そこには、白村江の戦で捕虜になっていた大伴部博麻《おおともべのはかま》が、持統四年九月二十三日に帰国したことをうけて、博麻に褒賞を与える記事がある。その中で、筑紫君薩野馬たち四人を、博麻が身を以て救ったことが嘉せられている。

乙丑《いつちゆう》に、軍丁筑後国上陽咩郡《かみつやめのこおり》の人大伴部博麻《おおともべのはかま》に詔して曰《のたま》はく、「天豊財重日足姫《あめとよたからいかしひたらしひめの》天皇《すめらみこと》の七年に、百済を救ふ役《えだち》に、汝《いまし》、唐軍《もろこしのいくさ》の為に虜《とりこ》にせられたり。天命開別《あめみことひらかすわけの》天皇《すめらみこと》三年に洎《およ》びて、土師連富杼《はじのむらじほど》・氷連老《ひのむらじおゆ》・筑紫君薩夜麻《つくしのきみさつやま》・弓削連元宝《ゆげのむらじがんぽう》の児《こ》四人、唐人《もろこしひと》の計る所を奏聞《きこえもう》さむと思欲《おも》へども、衣糧《きものかて》無きに縁《よ》りて、達《とづ》くこと能《あた》はざることを憂《うれ》ふ。是《ここ》に、博麻、土師連富杼等に謂《かた》りて曰《いわ》く、『我《われ》、汝《いまし》と共に、本朝《もとつみかど》に還向《まいおもぶ》かむとすれども衣糧無きに縁《よ》りて、倶《とも》に去《ゆ》くこと能はず。願はくは、我が身を売りて衣食《きものおしもの》に充《あ》てむ』といふ。富杼《ほど》等、博麻が計《はかりごと》の依《まにま》に、天朝《みかど》に通《とづ》くこと得たり。（後略）」とのたまふ。

この持統四年の記事を信用すると、筑紫君薩野馬は天智三年（六六四）に帰国している。沙門道久・筑紫君薩野馬・韓嶋勝娑婆・布師首磐の四人が対馬国司によって筑紫大宰に派遣されているところをみると、この四人は対馬に滞在していたか、郭務悰たちと行《こう》を共にしていたかのどちらかである。韓嶋勝娑婆は他にみえないが、韓嶋勝というのは豊前国宇佐郡に辛島郷が存在するので、その地の豪族と考えられる。布師首磐の出身は確定できないが、四人のうち二人までが九州の豪族であることは重要である。沙門道久はおそらく通事の役割を果たしていたのであろう。この四人が偶然、対馬にいたと考えるよりは、唐との交渉役を担っていたと考える方が自然である。

この四人が対馬から筑紫大宰に派遣され、唐から二千余人が上陸してくるという前触れを行っている。このように、熊津都督府から出発した唐使（軍）は、いったん対馬に上陸し、そこから筑紫に伝令が走らされ、その後に上陸するという手順が出来ていたことを想定させる。「忽然《たちまち》に彼に到らば、恐るらくは、彼の防人驚駭《おどろ》きて射《い》戦はむ」と、間違って矢を射かけて戦闘になることを避けるため、というのは文飾であろう。熊津都督府から筑紫までの海上ルートは唐が押さえているのであるから、そのような事件が起こるはずはなかった。

二千余人の内訳であるが、郭務悰が引き連れていたのが六百人、沙宅孫登が引き連れたのが一千四百人とある。沙宅孫登は斉明六年（六六〇）十月の百済滅亡記事に登場する。

　百済王義慈《ぎじ》、其《そ》の妻《め》恩古《おんこ》、其の子《こ》隆《りゅう》等、其の臣佐平千福《さへいせんふく》・国弁成《こくべんじょう》・孫登《そんとう》等、凡《すべ》て五十余、秋七月十三日に、蘇将軍の為《ため》に捉へられて、唐国《もろこし》に送去《おく》らる。

とあり、孫登は、義慈王たちと共に将軍蘇定方によって洛陽《らくよう》に送還された百済の貴族である。「新羅本紀」第六によると、扶余隆は百済の残党を慰撫・帰順するために、文武王四年（六六四）二月に唐の劉仁願とともに熊津に派遣されており、新羅の金仁問《インムン》・伊飡《イチャン》天存と会盟している。文武王五年（六六五）八月にも扶余隆は劉仁願とともに新羅王と会盟しており、その時の文武王の盟文によると、扶余隆は熊津都督になっている。このように、唐は滅亡させた百済の王子や諸臣を利用して、羈縻政策を円滑ならしめようとしていた。百済貴族の孫登も、そうした役割を担って、洛陽から一千六百人の唐人を率いてきたものと思われる。

郭務悰再来日の目的

郭務悰の来日については、直木孝次郎氏の「近江朝末年における日唐関係――唐使・郭務悰の渡来を中心に」という研究がある。もちろん直木氏は、天智朝は白村江の敗戦以降も、唐に対して防衛体制を敷いているという立場で論じている。そして、この時の郭務悰の来日を天智八年(六六九)ではなく、天智十年(六七一)のものとして検討している。直木氏は、天智八年の記事も取り上げてはいるが、「前後に関連記事はなく、また二千余人という人数が天智十年の唐使来日記事と一致することにより、既掲の天智十年紀の重出記事で、十年紀を正しいとすべきであろう。この点は従来のほとんどすべての研究者の意見が一致している」(一八四頁)と述べる。

直木氏は、六六八年の高句麗滅亡後の唐と新羅の関係悪化を正確に把握している。それは、「唐は白村江で戦勝した六六三年に新羅に鶏林《けいりん》都護府を置き、新羅王を鶏林州大都督に任じて、新羅を属領としようとした。これには当然新羅は反発し、ここに新羅と唐との連合が破れて、やがて新羅の対唐戦争がはじまる」(前掲論文、一八四頁)という指摘からも知ることができる。さらに直木氏は、新羅の対唐戦争の端緒を咸亨元年(六七〇＝天智九年)と指摘している。その指摘から考えても、すでに新羅と唐との戦争が始まっている天智十年に郭務悰が二千余人もを引き連れて来日したと考えることの不自然さに気付いてもよかったのではなかろうか。

　郭務悰の引率した六百人は熊津都督府の唐人で、沙宅孫登等一千四百人は百済避難民であるという池内宏の説に対して、直木氏は、「百済人を日本に移住させるために、なぜ唐人が六百人も同行したのか、説明が十分でなく、郭の渡来の目的がいま一つ明確でない」（前掲論文、一八七頁）と批判する。これは直木氏の論じるとおりである。時期的に考えても、唐と新羅が戦闘状況にある時に、このような多人数の避難民輸送を唐が行う必然性はなく、その合理的な説明も不可能である。

　直木氏の見解は次のようである。


　私の結論をいえば、二千人のうち、沙宅孫登《さたくそんとう》のもとにある千四百人の大部分は、白村江《はくすきのえ》の敗戦によって生じた日本軍の捕虜、郭直率の六百人の多くは、それを監視・護送するのに必要な人員（主として唐人か）であろう。郭の使命は、日本人捕虜の返還を交換条件として、唐救援のための軍隊の朝鮮派遣を日本の朝廷に要請することであったと考える。それは救援軍派遣の交渉に成功せず、天智十年七月に帰国した唐使李守真のあとを受け、再度援軍派遣を求めての来日である。（二〇〇―二〇一頁）

この直木氏の説は一見説得力があるようであるが、論理的な矛盾がある。唐が高句麗に大部隊を出動させていることから考えても、日本に救援を求めることはありえないが、万一あるとしても、日本からの救援兵を求めるならば、直木氏が日本人捕虜とする一千四百人をそのまま捕虜兵として対新羅戦に投入すればいいだけのことである。むしろ、彼らに新羅戦で功績をあげれば帰国を許すという条件を提示すれば、彼らが奮起する可能性は高い。大軍勢派兵をかんたんには当てにできない日本政府を相手にするよりは、その方が確実である。

それに日本には救援軍を送ることのできる兵が存在しなかった。白村江の戦で日本の全兵力がつぎ込まれていた。熟練兵が残っていたとは考えがたい。そのような日本に唐が救援を期待することはありえない。白村江の戦に日本が出兵できたのは、最大でも四万二千人にすぎない。たとえば上元二年（六七五）九月の新羅との戦いで、唐は右領軍大将軍李謹行《きんこう》に二十万の兵を率いさせている。少なくとも唐が日本に援兵を求める必然性はないのである。

このように考えると、郭務悰と孫登が率いてきた二千人は、百済避難民でもなく、日本軍捕虜でもないと考えられる。とすれば、この二千人は、純粋に日本の羈縻支配を完成させるための人員と考えざるを得ない。筑紫や大和だけならば、これほどの人数は必要ないが、日本全体に羈縻支配を徹底させるためには各地に百名ずつの人員が必要であり、それでも二十か所をカバーできるにすぎない。しかし、羈縻支配は、一国の完全支配ではなく、要所に唐の支配が通じていればよいのであるから、その程度でちょうどよかったのであろう。

郭務悰の再来日が何月何日かは記されていないが、天智八年正月九日の蘇我赤兄の筑紫率任命は、この郭務悰と進駐軍を迎えるための人事であったと考えられる。二千余人もの唐からの駐軍の在留はたいへんな事態であった。天智がもっとも信頼できる有能な人材を筑紫に派遣する必要があったのである。

戸籍の作成

郭務悰たちが来日した天智八年（六六九）是冬条に「高安城を修《つく》りて、畿内《うちつくに》の田税《たちから》を収《おさ》む」という記事がある。高安城を築城するための財源として、田税が必要となったのである。そして田税を徴収するためには戸籍が必要となった。続く天智九年（六七〇）二月に次のような記事がある。

二月に、戸籍《へのふみた》を造り、盗賊《ぬすびと》と浮浪《うかれびと》とを断《や》む。時に天皇、蒲生郡の匱迮野《ひさのの》に幸《いでま》して、宮地《みやどころ》を観《みそこな》はす。又、高安城《たかやすのき》を修《つく》り、穀《もみ》と塩とを積む。又、長門城《ながとのき》一・筑紫城《つくしのき》二を築く。

つまり、高安城の修築のための田税徴収―近江京の大蔵の火災―郭務悰たち二千余人の来日―造籍の四つの出来事が関連をもって記されているのである。順序は不明だが、話の流れとしては、

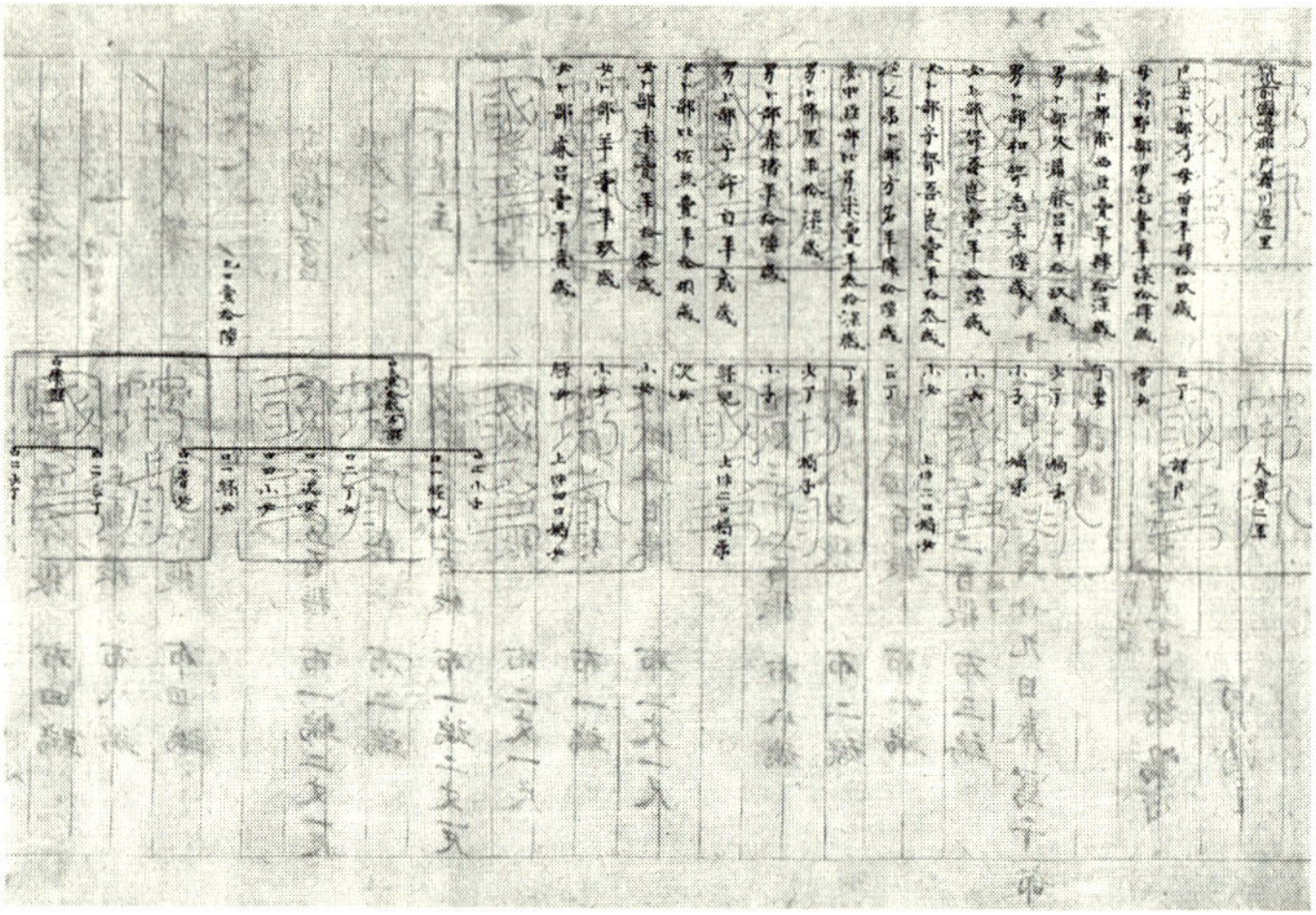

写真5-4　大宝二年筑前国嶋郡川辺里戸籍（正倉院宝物）

郭務悰たちの来日があり、彼らによって高安城の修築が進められるが、そのための財源として田税の徴収が必要となる。そこで戸籍を造る必要が生じる。集められた田税は大蔵に収められるが、それに反発を感じた人物が大蔵に付け火するという事件が起こったのであろう。書紀には「盗賊と浮浪とを断む」と戸籍作成の理由が書かれているが、戸籍が田税を徴収するために作られたものであることはあきらかである。

ここに見える「戸籍」とは、一般的には「庚《こう》午年籍《ごねんじゃく》」と称されており、全国的に実施されたものと考えられている。『国史大辞典』（宮本救執筆）によると、

> 天智天皇九年（六七〇）の庚午年に造られた戸籍。律令国家にとって、戸籍は公民支配の根本台帳であり、また班田収授のた

めの台帳でもあって、令規定によると、六年に一回造られ、五比＝三十年間保存されることになっている。大化改新（大化元年（六四五））から『大宝律令』の制定施行（大宝二年（七〇二））に至る律令体制の成立期においては、『日本書紀』によると、大化二年―白雉三年（六五二）、天智天皇九年＝庚午年、持統天皇四年（六九〇）＝庚寅年の造籍が指摘される。（中略）天智天皇九年＝庚午年籍が『近江令』に基づく、最初の全階層にわたる全国的な一斉造籍であり、しかも『大宝律令』制定以降、それは律令制下における永久保存の氏姓台帳とされた。（中略）庚午年籍は氏姓の基本台帳として、八・九世紀の奈良・平安時代初期、氏姓の改正などの問題には常に証帳として引用され重視されている。

と説明されている。後世、庚午年籍が基本台帳と意識されたことは確かであるが、現物は残らず、どの程度、全国的に実施されたものであるかは不明である。

しかし、問題は「戸籍」が実施されたタイミングである。郭務悰が二千余人の唐人を連れてきた後に造籍記事があることの意味を考えなければならない。『日本書紀』の記述形式として、主語の明記されない文章の主語は、天皇もしくは国家である。しかし、羈縻支配下の日本の中に唐の出先機関がある以上、この造籍の実施主体は、天智ではなく郭務悰であり、ひいては唐王朝と考えることも十分可能であろう。

もしそうであれば、この庚午年籍は、実質的には、唐王朝が日本国民から税を徴収するために始めた戸籍ということになる。郭務悰たち二千余人は、当然のごとく、飛鳥に居住したであろう。同月には高安城を修造し、そこに穀物と塩を運び込ませている。

高安城は、来日した二千余人の内の大和方面を監視する唐の人々が拠点とするために設けられた山城だったのであろう。高安城址は、現在は倉庫群跡が確認されているだけだが、河内国と大和国の境界にある。だが、この倉庫群址は、橿原考古学研究所の発掘調査の結果、廃城後の奈良時代初期のものであるとされているため、実際には高安城がどこに築かれたかは不明である。

筆者もかつて高安山東方の倉庫群址を訪れたが、あまりにも急峻な山上にあり、とても畿内支配の拠点としては適さないと感じた。日時が前後するが、天智八年（六六九）八月三日の記事に、

> 秋八月の丁未《ていび》の朔にして己酉《きゆう》（三日）に、天皇《すめらみこと》、高安嶺《たかやすのみね》に登りまし、議《はか》りて城《き》を修《おさ》めむと欲《おもわ》すも、仍《なお》し民の疲れむことを恤《めぐ》みたまひ、止《や》めて作りたまはず。時人《ときのひと》、感《かま》けて歎《ほ》めて曰《いわ》く、「寔《まこと》に乃《すなわ》ち仁愛《めぐみうつくしび》の徳、亦寛《またゆた》かならざらむや」と、云々《しかしか》いふ。

とある。文意は、天智が人民を憐れんで高安城の築城を停止したということになる。しかし、実態は、唐が日本から撤退した後、高安城を築く必要性がなくなり、築城を停止したということだったのかもしれない。このあたりの『日本書紀』の記述の順序がどれだけ正確かは判断が難しい。たとえば、天智十年（六七一）正月二日の次の記事を見ると、

十年の春正月の己亥《きがい》の朔にして庚子《こうし》（二日）に、大錦上《だいきんじょう》蘇我赤兄臣《あかえのおみ》と大錦下《だいきんげ》巨勢人臣《こせのひとのおみ》と、殿《みあらか》の前に進みて、賀正事《がしょうのこと》を奏《もう》す。

とある。二年前の天智八年正月に筑紫率に就任した蘇我赤兄が近江京で賀正のことを奏上している。二年の間に任期を終えて、近江京に戻っていたのかもしれないが、『日本書紀』には、赤兄に代わる新筑紫大宰帥任命の記事も、蘇我赤兄の帰還記事もない。だが、天智十年六月の是月条に、「栗前王を以ちて筑紫帥とす」という記事があとから記載されている。この記載通りで考えると、栗前王が後任するまでは赤兄が筑紫帥であったか、そうでなければ、少なくとも半年以上、筑紫大宰帥は空席のままだったことになる。赤兄が前年から近江に戻っていれば、さらに長期間、筑紫大宰は帥不在のままだったことになる。このあたりも人事記事において、記載順序がどれほど正しいのか疑わしい。

また、天智九年二月の「長門城一城、筑紫城二を築く」という記事も、天智四年八月に答㶱春初たちに建築させていた長門城・大野城・基肄城の記事と同じである。天智四年の記事を着工記事、天智九年の記事を完成記事と解釈する説もあるが、『日本書紀』は「築く」とだけ記されており、どこにも「完成」とは記されていない。そのように解釈するのは、あくまで研究者側の辻褄合わせにすぎない。

むしろ、天智四年段階では、まだ唐の羈縻政策も端緒についたばかりで、山城《やましろ》建設も計画の段階であり、天智八年の二千余人の来日をもって、実質的な工事が着工されたと読む方が、問題が少ないように考える。おそらくは、天智四年にもそうした記事を記載して、あたかも後世の読み手が、天智が唐軍に対する防衛として山城建設を計画したかのように読み誤るように、敗戦後早い時期に記載したのかもしれない。

天智朝の人事

天智八年～十年の記事については、その前後関係に注意しながら読み解くこととしつつ、次の天智十年（六七一）正月五日の記事に注目したい。

癸卯《きぼう》（五日）に、大錦上中臣金連《なかとみのかねのむらじ》、神事《かむごと》を命宣《みことの》る。是の日に、大友皇子《おおとものみこ》を以《も》ちて太《おおき》政大臣《まつりごとのおおまえつぎみ》に拝《め》す。蘇我赤兄臣を以ちて左大臣《ひだりのおおまえつぎみ》とし、中臣金連を以ちて右大臣《みぎのおおまえつぎみ》とす。蘇我果安臣《そがのはたやすのおみ》・巨勢人臣《こせのひとのおみ》・紀大人臣《きのうしのおみ》を以ちて御史大夫《ぎょしたいふ》とす。〈御史は蓋《けだ》し今の大納言か。〉

甲辰《こうしん》（六日）に、東宮太皇弟《ひつぎのみこ》、奉宣《みことのり》して、〈或本《あるふみ》に云《い》はく、大友皇子宣命《みことのり》すといふ。〉冠《かん》位《い》・法度《ほうと》の事を施行《のりおこな》ひたまふ。天下に大赦《おおきにつみゆるす》。〈法度・冠位の名は、具《つぶさ》に新律令《にいしきりつりょう》に

載《の》せたり。〉

記事は、天智朝の新人事を記したものである。

大友王子は、唐・高宗の封禅の儀式に出席し、大和朝廷の王子としての大役を果たしたという実績があった。さらに劉徳高からも評価された人物であった。劉徳高が評価するということは、唐の羈縻支配にとって都合のよい人物とみなされたということである。後の壬申の乱で大友王子が標的にされたのも、こうしたところに遠因があったと考えられる。

左大臣に任じられたのは、筑紫大宰の帥として筑紫に出向し、筑紫都督府の唐官人たちと交渉を続けていた蘇我赤兄であった。こうしてみると、天智十年の賀正の祝辞を赤兄が述べたのは、左大臣任命への伏線であったことがわかる。右大臣の中臣金連《なかとみのかねのむらじ》は、天智八年に没した大織冠《たいしょくかん》中臣鎌足の従弟である。金連自身はどの程度、外交交渉に関わったかは不明だが、鎌足は金庾信や文武王への船の贈呈に関与したことは先に見たとおりである。この二人を政府首班として、蘇《そ》我果安臣《がのはたやすのおみ》・巨勢人臣《こせのひとのおみ》・紀大人臣《きのうしのおみ》の三人が御史大夫《ぎょしたいふ》という新しい官職に就いた。御史大夫というのは、後の大納言の前身ともいわれるが、官職名は中国のものであり、唐では御史台の長官を意味した。ここにも唐からの干渉が垣間見《かいまみ》られる。

六日の記事は、『日本書紀』本文は、大海人王子が奉宣したようになっているが、これも後の天武の書紀への干渉を考えると、本来は「或本」に記されているように、大友王子が宣命したと考えるほうが自然である。そして、大友が宣命した内容は、冠位と法制についてであるという。なぜ、天智十年に改めて人事が行われ、冠位や法制についてのことが発布されたのであろうか。本来は、大王の即位の年に行われるべきことであり、天智朝の特殊事情を考えても、天智が近江京に戻った天智七年に行われるべきことである。しかし、これも天智八年の郭務悰たちの来日と関連させて考えると、無理なく理解できる。

つまり、大友王子首班の人事は、郭務悰たちが考えた羈縻支配のための人事なのである。新たな冠位や法制も羈縻支配のためのものと考えれば、彼らの来日後、一年余を経ての成果と受け取れる。それをいっそう明確にしてくれるのが、天智十年正月十三日条と是月条である。

辛亥《しんがい》（十三日）に、百済鎮将劉仁願、李守真《りしゅしん》等を遣《つかわ》して、上表《ふみたてまつ》る。

是《こ》の月に、大錦下を以ちて佐平余自信《さへいよじしん》・沙宅紹明《さたくしょうみょう》〈法官大輔《のりのつかさのおおきすけ》。〉に授く。小錦下を以ちて鬼室集斯《きしつしゅうし》に授く。〈学職頭《ふみのつかさのかみ》。〉大山下を以ちて、達率谷那晋首《だちそちこくなしんす》〈兵法《つわもの》に閑《なら》へり。〉・木《もく》素貴子《そきし》〈兵法に閑へり。〉・憶礼福留《おくらいふくる》〈兵法に閑へり。〉・答炑春初《とうほんしゅんそ》〈兵法に閑へり。〉・炑《ほん》日比子賛波羅金羅金須《にちひしさんはらこんらこんす》〈薬《くすり》を解れり。〉・鬼室集信《きしつしゅうしん》〈薬を解れり。〉に授く。小山上を以ちて、達率徳頂上《だちそちとくちょうじょう》〈薬を解れり。〉・吉大尚《きちだいしょう》〈薬を解れり。〉・許率母《こそちも》〈五経《ごきょう》に明《あきら》かなり。〉・角福牟《かくふくむ》〈陰陽《おんよう》に閑《なら》へり。〉に授く。小山下を以ちて、余《あたし》の達率《だちそち》等五十余人に授《さづ》くなり。童謡《わざうた》ありて云《い》はく、

橘《たちばな》は　己《おの》が枝々《えだえだ》　生《な》れれども　玉《たま》に貫《ぬ》く時　同じ緒《お》に貫く

といふ。

是月条の記事は不思議な人事としかいいようがない。日本人が一人も登場しない人事である。わかりやすいように箇条書きにすると、

法官大輔…余自信・沙宅紹明
学職頭　…鬼室集斯
兵　法　…達率谷那晋首・木素貴子・憶礼福留・答炑春初
医　薬　…炑日比子賛波羅金羅金須・鬼室集信・達率徳頂上・吉大尚
五経博士…許率母
陰陽博士…角福牟

ということになる。この不思議な人事に対して童謡《わざうた》があったという。童謡とは民間における社会風刺である。童謡の内容は表面的には、橘の実は別々の枝になるが、玉として貫くときは一本の緒に通す、というだけのものである。これを小学館版『日本書紀③』の頭注は、

亡国百済からの渡来人が、階層や専門職に関係なく、叙爵にあずかり、渡来して八年目の正月に大和朝廷で然るべき地歩を占めるに至ったことへの賛美の気持を歌ったのであろう。異国人を朝廷に引き入れることを非難した歌とする説もある。（二九〇頁）

と述べる。しかし、この解釈では、なぜ彼らが重要なポストに就くことができたのかが説明されていない。法官・兵官などは国家の中枢である。後のことであるが、天武天皇は、天武十三年閏《うるう》四月五日の詔で、「凡《おおよ》そ政要《まつりごとのぬみ》は、軍事《いくさのこと》なり。是《ここ》を以《も》ちて、文武官《ふみつわもののつかさ》の諸人《ひとびと》、務《つと》めて兵《つわもの》を用《もち》ゐ、及《また》馬《うま》に乗ることを習《なら》へ」と述べている。百済復興戦争を経験した天智、壬申の乱を勝ち抜いた天武、ともに軍事の重要性を感じていたであろう。その兵官が旧百済人だけで占められることは普通考えられない。「然るべき地歩を占める」というレベルではない人事である。そこで注目すべきは、正月十三日の記事である。

一見、正月十三日の記事と是月条の記事は別の存在のように分けて書かれている。しかし、「劉仁願」が派遣した李守真がもたらした「上表」がまさに是月条に出された人事内容を記した命令書だったと考えてみるとどうであろうか。

ここで、李守真を派遣したのが「劉仁願」となっているが、『資治通鑑』巻二〇一・唐紀一七によると、総章元年（六六八年）八月辛酉に、「卑列道行軍総管右威衛将軍劉仁願、高麗を征するに坐し、逗留す。姚《よう》州に流す」とあり、劉仁願は流罪になっている。姚州は今の雲南《うんなん》省にある地域で、西南諸族との通交の要衝とされたが、遼東地域・朝鮮半島とは離れたところである。その後、劉仁願が官界・戦陣に復帰したという記事はない。

他方、劉仁軌は、総章元年には熊津道安撫大使兼浿江道総管となり（『旧唐書』巻八四・列伝三三）、李勣に従って高句麗を平定。翌年（六六九）、「疾を以ちて職を辞す。金紫光禄大夫を加へ、致仕《ちし》を聴す」とあり、辞職後に金紫光禄大夫を拝している。この年の十二月戊申には英国公李勣が没している（『旧唐書』巻五・本紀五・高宗下）。劉仁軌の正式な致仕は、翌三年（六七〇）正月丁丑だったようである（同）。もっとも、「劉仁軌伝」は致仕の記事の後に続けて、「俄《にわか》に召して隴《ろう》州刺史と為し、太子の左庶子《さしょし》・同中書門下三品に拝《め》し、国史を監修せしむ。咸亨五年（六七四）に、雞林道大總管と為し、新羅を東伐《とうばつ》せしむ」とあるので、劉仁軌の官界引退は、ほんの一時的なできごとであった。太子左庶子という太子の教導役を拝命しているところをみると、劉仁軌は宮中において信頼されていたようである。太子付きの官職についた劉仁軌が日本の羈縻政策に関わるかどうか疑問であるが、白村江の戦からの関連を考えると、『日本書紀』の「劉仁願」の記載は、「劉仁軌」の誤りと考えるのが穏当であろう。

そして、もし李守真を派遣したのが劉仁軌であるならば、彼は長安にあって、太子付きの左庶子でもあるから、李守真は長安から派遣された人物ということになる。

この時期の熊津都督府の情況はどうなっていたであろうか。

先に見たように、六七〇年には高句麗遺民の牟岑《モジャム》・安勝《アンスン》の反乱が起こっている。「新羅本紀」

写真5-5　慶州・陵只塔跡。文武王の屍身の火葬跡と推定されている

文武王十年（六七〇）七月条には、

　秋七月に、王、百済の残衆の反覆を疑ひ、大阿飡儒《ユ》敦《トン》を熊津都督府に遣して、和を請《こ》ふも、従はず。乃ち司馬禰軍《サマニグン》を遣して、窺覘《うかが》はしむ。王、我を謀らんとするを知り、禰軍を止めて送らず、挙兵して百済を討たしむ。品日《プンイル》・文忠《ムンチユン》・衆臣《シユンシン》・義官《ウイクアン》・天《チヨン》官《クアン》等、城六十三を攻め取り、其の人を内地に徙す。天存《チヨンソン》・竹旨《チユクチ》等、城七を取り、斬首二千。軍官《クンクアン》・文穎《ムンヨン》、城十二を取り、狄兵を撃ち、斬首七千級にして、戦馬・兵械を獲ること甚だ多し。

とあり、熊津都督府は存在するものの、旧百済領の城七十五が新羅によって攻め取られている。また、文武王十年から十一年にかけて、新羅軍と戦っている唐の将軍は、薛仁軌《せつじんき》・高侃《こうかん》・高保《こうほ》・李謹行《りきんこう》といった人々で、劉仁軌の名前は見えない。

　こうした状況を見ても、劉仁軌が熊津都督府にいたとは考えにくい。

もちろん、新羅の反唐路線は始まったばかりで、唐としてもまだ朝鮮半島への羈縻政策をあきらめたわけではない。唐が、それをあきらめるのは、儀鳳元年（六七六）二月であろう。この時、唐は高句麗のために設置した安東都護府を遼東故城（遼陽市）に移し、旧百済領のための熊津都督府を建安故城（現遼寧省営口市）に移した。唐の全面的な遼東半島への撤退である。

写真5-6　漏刻復元模型（飛鳥資料館蔵）

しかし、天智十年はまだそこまでには至っていない。長安にいる劉仁軌の指令で李守真が日本に派遣されたとなると、それは唐王朝の指令であり、直接的な日本への羈縻政策の指令であったと考えるべきである。

そして、同年四月には漏刻《ろうこく》が設置されている。漏刻は時間を示す装置である。時間とは、組織的な官人の勤務時間をつかさどるものである。つまり、漏刻の設置は、時間による官人の管理が始められたことを意味する。これもまた唐の律令制に則《のっと》った政策である。『日本書紀』天智十年四月二十五日条は、漏刻の設置を、「此の漏刻は、天皇の皇太子に為しまし し時に、始めて親《みずか》ら製造《つく》れる所なり」と記すが、これをそのまま信じることはできない。漏刻は、原理は単純であるが、微調整が難しいし、時刻の必然性がなければ、製造する必要のないものである。まして一国の王子が目的もなく製造したとするには無理がある。

もし、中大兄が斉明朝に製造したならば、その時の記事とすればよいはずである。李守真が来日し、旧百済官人を主体とした人事が行われたあとの天智十年三月に黄書造《きふみのみやつこ》本実《ほんじつ》が水臬《みずはかり》（水準器）を献上し、四月に漏刻が設置されるという記事の連続性を考えた時、この漏刻も唐からもたらされたものと考えるほうが自然であろう。

新律令

少し時間を戻すと、天智十年（六七一）正月六日の記事に、「法度《はっと》・冠位《かんい》の名は、具《つぶさ》に新律令《にいしきりつりょう》に載《の》せたり」という注記があった。この「新律令」とは文脈上は近江令のことを指す。だが、小学館版『日本書紀③』の頭注は、

天智朝に制定とされる近江令とする説があるが、近江令は律が伴っていないので疑問。近江令は八世紀に成った書紀や『続紀』などにはみえず、九世紀初期に成った『弘仁格式』序に初めてみえるので、近江令の存在自体を疑い、この注は後人が加えたとする説も有力。（二八七頁）

と、近江令の存在自体を否定的にみている。近江令については、青木和夫氏が「浄御原令と古代官僚制」の中で、「大織冠伝の伝へるところによれば、中大兄は称制七年頃、藤原鎌足に命じ時の賢人と共に旧章を損益、略々条例を為させたらしい。しかしそれが令として施行された形跡は全く無い」（七九頁）と否定して以来、近江令否定説が有力視されている。青木氏の指摘する「大織冠伝」の記事とは、次の記事である。

> 七年秋九月《ながつき》に、新羅調《みつき》を進《たてまつ》る。大臣《おおおみ》、即《すなわ》ち使金東厳《つかいきむとうごん》に付《つ》けて、新羅の上卿庾信《しょうけいゆしん》に船《ふね》一隻《ひとつ》を賜《たま》ふ。或人諫《あるひといさ》む。大臣対《こた》へて曰《い》はく、「普天《ふてん》の下《した》、王土《おうど》に非《あら》ぬは莫《な》く、率土《そつと》の賓《はま》、王臣に非《あら》ぬは莫《な》し」といふ。此《これ》より先、帝《てい》大臣に礼儀を撰述せしめ、律令を刊定《かんてい》せしめたまふ。天《あめ》・人《ひと》の性《さが》に通《つう》して、朝廷《みかど》の訓《おしえ》を作る。大臣と時の賢人《さかしきひと》と、旧章《きゅうしょう》を損益《おとしくわ》へ、略条例《ほぼじょうれい》を為《つく》る。一《もっぱ》ら敬愛《いつくしび》の道を崇《とうと》び、同じく奸邪《よこしま》の路を止《とど》む。理《ことわり》は折獄《せつごく》を慎《つつ》しましめ、徳《のり》は好生《こうせい》に洽《およぼ》す。周の三典、漢の九篇に至るまで、以《もち》て加ふるもの無し。

この史料をどこまで信用することができるかは、たしかに問題がある。「或人」の発言が、後世の歴史観に彩られたものであり、とても事実を述べたものとは思えない。それゆえ、「或人」の諫言によって「礼儀」が撰述され、「律令」が刊定されたことも疑わしいと言わざるを得ない。

後半の文章も美辞麗句を並べただけで、鎌足の業績を飾るものでしかない。

しかし、この時の「礼儀」「律令」の選定が、新羅の金東厳に託して金庾信に船一隻を贈呈したことに端を発しているとするのは興味深い内容である。もちろん新羅の貴族に物を送ったことが律令選定のきっかけなどということは事実ではなかろう。しかし、近江朝における律令選定が、内在的な原因ではなく、外在的要因によって行われたとすることは、かんたんに無視してよいこととも思われない。これまで論じてきたように、近江朝は、唐の羈縻政策遂行のために、そのための法的整備を強いられていたと考えられる。新羅に限定できないが、外在的要因による律令選定を『藤氏家伝』が伝えていると解釈すると、甚だ興味深いものとして利用できる。

さらに、青木氏は、「律令論」では、天智十年正月六日条の「法度・冠位の名は、具に新律令に載せたり」という注記は、原史料にあったものではなく、「書紀撰上当時の注である蓋然性がもっとも強い」（二四〇頁）として、信頼に足るものとはみなしていない。そして、書紀編纂当時、「律令国家の諸制度の創始者が天智天皇とみられていた」（二四〇頁）ために、このような注記が記述されたのであろうと推測する。青木氏の結論は、「いわゆる近江令は後の浄御原令や大宝律令のようなまとまった法典ではなく、二十二巻という巻数でもなかった」（二四二頁）というものである。

青木氏の説にはそれなりの説得力はあるが、基本的には近江令が残っていないことをもとにした、文献批判である。文献批判としての評価はできるが、体系的に編纂されたものだけを「律令」として、他は単行法令とみなすことが正しいかどうかの判断基準の問題も内包している。要は、これまでの近江令に関する研究は、近江朝において律令編纂があったのかという問題意識ではなく、完成した近江令があったのかという視点が中心なのである。律令の編纂が一朝一夕に完成するものでないことは、誰もが認めるところであろう。たとえば、青木氏は『国史大辞典』第8巻の「大宝律令」の解説で、「かねてから夫の天武天皇とともに律令制定を命じていた持統天皇は、天武没後にこれを『浄御原令』としていちおう諸司に配布したが、孫の文武天皇に位を譲ると、令の改定と律の制定とを督励し始めたらしい」と述べる。大宝令の施行が大宝元年（七〇一）で、律が翌年からである。天武の没年は六八六年であるから、青木氏のいうとおりであると、浄御原令という土台があっても、大宝令の編纂に一五年を要している。それに比べて、天智朝は全体でも一〇年しかないのである。完成された近江令を求めること自体が無理な注文といえよう。

また、天智朝に定められた官僚人事や庚午年籍などを、たんなる単行法令によるものと評価してよいのかという問題もあろう。近江令の存在についての議論をここで展開することはむずかしいが、天智十年正月に余自信・沙宅紹明が「法官大輔《のりのつかさのおおきすけ》」に任じられたことは注目する必要がある。この法官と新律令の関係は無視すべきではあるまい。彼ら二人は、まさに新律令の調整のために法官に任じられたと考えられるからである。これまた、近代の例であるが、第二次世界大戦後、日本の占領軍GHQは、日本政府に対して新憲法の作成を要請し、草案を提示した。戦勝国とは、自国の法律をもとに敗戦国に新しい法律の制定を求めるものである。この七世紀末の東アジアでも同様のことが行われたと考えるのにそれほどの無理はないであろう。

しかし、「新律令」なるものが、いつから準備されていたかが問題となる。

唐の律令をそのまま持ってきて、百済人にアレンジさせただけでは、日本のこれまでの慣習法とのギャップを埋めることはできないであろう。それゆえ、ここに「新律令」と表現されているものは、旧来の法度・冠位に対して、唐の律令を基にして、羈縻政策に直接関与する新しい法令を「新」と表現したものと考えるのが、今のところは穏当である。これを最初から、体系的な近江律令と考えることが無理なのは、青木氏の批判通りである。だが、唐の羈縻政策を念頭に置くと、唐は程度の差こそあれ、周辺国家に対して、唐の律令に準拠した法体系を強いていることが認められるから、近江朝についても同様に考えられよう。

天智朝が唐による羈縻政策下にあったことを認める時、戦争がもたらした日本社会への唐の影響を考え直すことができ、書紀が叙述する非現実的な様相とは異なる古代史像が浮かびあがってくるのではないかと考える。そして、時代を超越して「戦争」の結果がそれぞれの国に及ぼす影響から目を背けてはならないことを教えてくれるのではないだろうか。

おわりに――史料解釈の問題提起として

天智朝はわずか十年で終わる。天智十年（六七一）十二月三日に天智が大津宮で崩御するからである。斉明朝に決定した百済復興軍への救援に始まり、白村江の戦で敗北を喫し、その後、唐の羈縻《きび》政策とのせめぎ合いに明け暮れた十年であったといえよう。母親の後始末で始まり、戦争の後始末で終わった一生であったともいえよう。

天智の殯《もがり》が行われた時に三首の童謡《わざうた》があった。その一つは、

み吉野《えしの》の　吉野《えしの》の鮎《あゆ》　鮎こそは　島傍《しまえ》も良《よ》き　え苦《くる》しゑ　水葱《なぎ》の下《もと》　芹《せり》の下《もと》　吾《あれ》は苦しゑ

と歌われている。小学館版『日本書紀③』の頭注は、この童謡の「吉野」は「大海人皇子をさす」と根拠を示すことなく述べる。おそらくその淵源は、国文学者・高木市之助の『吉野の鮎』の理解にあるのであろう。高木は、

語句を適宜還元して大意を要約するならば、「吉野川の鮎こそは鳥邊の芹や水葱の蔭に棲ん

でゐるのも結構だらうが、人間の私はこんな山奥の吉野川のほとりに蟄居してゐては苦しくてたまらない」といふ意味になるであらう。してみればこの一首に諷喩されてゐるものは大海人皇子が天智天皇の御本心を察して、吉野に遁れ入り給うた御心境に対する、時人の同情に外ならぬのである。

と述べる。いかにも国文学者らしいロマンチックな解釈であるが、大海人に対する同情の童謡ならば、なぜ天武紀に掲載しないのかが不思議である。さらにいえば、天智の崩御記事の後に、大海人への同情の童謡を掲載するのは不自然ではなかろうか。史書編纂者の立場を考えると、天智の崩御記事の後には、天智に関わる童謡を掲載するのが常識であろう。

もちろん大海人が吉野に隠棲《いんせい》したことを下敷きに詠《よ》まれた童謡と考えること自体は不自然ではない。しかし、童謡の主体は天智でなければおかしい。この童謡を天智の気持ちで解釈するならば、「吉野の鮎が、吉野川の水流に身を任せてすいすい気持ちよく泳ぐのに比べて、自分は水葱や芹など、いろんな障害物のあるところを泳がなくてはならず、苦しいことだ」という意味になるであろう。もちろん童謡は時人が作っているので、ほんとうの天智の気持ちではない。あくまで天智の気持ちを想像しての創作である。

当時の人たちにも、吉野に隠棲した大海人は、ある意味自由で、気持ちよく吉野川を泳ぐ鮎のようであるが、唐の占領軍に無理難題を言われ、飛鳥の豪族たちからは弱腰外交を責められる天

天智天皇山科陵（京都市山科区）

智は、芹や水葱に邪魔されながら泳ぐ魚のようで、いかにも苦しそうだ、と詠んでいるのではないであろうか。

天智の死後、近江朝は半年ともたずに、大海人王子による政権簒奪を企図する壬申の乱を迎え、それが大海人王子の勝利となり、天武朝が始まる。

天武元年（六七二）三月十八日条には、郭務悰がまだ日本に滞在しており、天智の喪に服して挙哀《こあい》した記事があり、夏五月三十日に帰国したとする。

> 元年の春三月の壬辰《じんしん》の朔にして己酉《きゆう》（十八日）に、内小七位《うちのしょうしちい》阿曇連稲敷《あづみのむらじいなしき》を筑紫に遣《つかわ》して、天皇の喪《みも》を郭務悰等に告げしむ。是に郭務悰等、咸《ことごとく》に喪服《あさのころも》を着て、三遍《みたび》挙哀《みね》たてまつり、

東に向ひて稽首《おろが》む。

壬子《じんし》（二十一日）に、郭務悰等、再拝《おろが》みて、書函《ふみはこ》と信物《くにつかいのもの》とを進《たてまつ》る。

夏五月の辛卯《しんぼう》の朔にして壬寅《じんいん》（十二日）に、甲《よろい》・冑《かぶと》・弓矢を以ちて郭務悰等に賜《たま》ふ。是《こ》の日に、郭務悰等に賜ふ物は、総合《すべ》て絁《あしきぬ》一千六百七十三匹・布《ぬの》二千八百五十二端・綿《わた》六百六十六斤なり。

戊午《ぼご》（二十八日）に、高麗《こま》、前部富加抃《ぜんほうふかべん》等を遣して、進調《みつきたてまつ》る。

庚申（三十日）に、郭務悰等、罷《まか》り帰りぬ。


翌六月からは壬申の乱が始まるから、唐の使者には、それ以前に帰国してもらわなければならなかったのであろう。しかし、これらの一連の記事はどれほど信用できるであろうか。

前述したように、唐は新羅の抵抗にあい、六七一年から両国で戦闘が始まり、六七八年には半島から撤退せざるを得なかった。そのうえ、これまで一緒に日本の政策に携わってきた天智が崩御したとなると、郭務悰たちが日本からの撤退を考えたとしても無理はなかった。天智の崩御が六七一年十二月であるから、郭務悰たちはすぐに天智の死の情報を得たであろう。郭務悰たちは、唐の羈縻政策に旧大和豪族たちが不満を持っていたことを知っていた。それゆえ、豪族たちを抑える天智がいなくなった今、早々に筑紫に引上げ、時期を見て熊津都督府か長安に戻らざるを得ないと考えたであろう。郭務悰が、協力者であった天智の死を心から悼んだことは、「三遍挙哀たてまつり、東に向ひて稽首む」という表現に如実に表されている。

ただ、あくまで大和が郭務悰たちに占拠されていたことを隠したい書紀編者は、「内小七位阿曇連稲敷を筑紫に遣し」と、郭務悰たちが筑紫にいたかのように記述している。日本に羈縻体制を敷くために来日していた唐側の人々を集合させ、日本から撤退するのは大仕事である。郭務悰たちの帰国が五月三十日になったという日付がどこまで信用できるかはわからないが、相当な時日を要したことはたしかであろう。

さて、天武朝では、いろいろな新たな政策が展開された。その中の一つに八色《やくさ》の姓《かばね》がある。これは、新たな社会の序列の設定である。白村江の戦で、多くの軍事氏族が痛手を受け、さらに壬申の乱では多くの文官も亡くなり、近江朝廷に属した官人たちの処罰も行われ、日本国内ことに朝廷内に人材が不足する状況が生まれていた。逆に、日本には多くの亡命百済人がやってきており、朝廷の官人となっている者たちも多くいた。こうした人々を整理する必要が生じたのである。

これまで八色の姓は天皇中心の中央集権国家・天皇親政政府のために定められた、という評価であった。そのことに間違いはない。しかし、それだけではなく、実際に人材不足であり、人材が混乱していたことも事実である。

斉明～天智朝にかけて、百済復興軍救援で多くの軍事氏族が異国の地に果てた。このことは、結果的に大海人王子が、わずかな伊賀・伊勢・美濃の地方豪族軍（舎人《とねり》軍）を集結させるだけでも、じゅうぶんに中央政府軍に対抗できると判断した要因の最たるものであった。

もし、百済救援軍が編成されず、阿倍氏を中心とする中央政府軍が健在であったならば、地方豪族軍だけで政府転覆を計画することは難しかったはずである。その意味では、斉明の百済救援の決定が大海人にクーデターのきっかけを与え、敗戦がクーデターの実行を決定づけたといえよう。

また、続々と敗戦の情報は国内に入ってくるものの、日本国内での戦闘があったわけではないから、唐に敗戦したという実感は、留守役を務めた大和の氏族には希薄であった。それなのに、現実には唐の羈縻支配の命令を受け入れなければならなかったため、いきおい、現実とイメージの間にギャップが生まれ、そのはけ口は現政府である近江朝に向かうことになった。

近江遷都の反対、唐律令の受け入れ反対、唐への軟弱外交政策への不満等々が、敗戦を実感できない畿内豪族にたまっていったことも、大海人のクーデター決起への引き金となったことであろう。

『日本書紀』では、極力、唐の羈縻政策については記載しない方針がとられている。それは当然と言えば当然であろう。わざわざ敗戦後の屈辱的な状況を歴史に残さなくてもいいなら、そうしたいと考えるのが人情である。それは、新羅が唐を朝鮮半島から排斥したことで可能となった。壬申の乱の勝利で、再リセットが可能となった。この二つの出来事により、『日本書紀』の記事内容は大きく書き替えられた可能性を考える必要があろう。

そのようにして、『日本書紀』から抹殺されたものの一つに近江令がある。近江令の存在は、前述したように否定的な説が有力である。『弘仁格式』序に「天智天皇元年に至り、令廿二巻を制す。世人、近江朝廷の令と謂ふ所なり」と記されているものの、実態が確認できないからである。『日本書紀』天智十年正月六日条の冠位・法度の注に、「法度・冠位の名は、具に新律令に載せたり」と記すのみで、その「新律令」がどのようなものなのかわからない。具体的な二十二巻の近江令について記したものがないのである。そのため近江令の制定に疑問をもつ説もまだ根強い。しかし、天武十年（六八一）二月二十五日条に「朕、今し更《また》律令を定め、法式を改めむと欲《おも》ふ」とあり、既定の法式を改めるとの表現があり、持統三年（六八九）六月二十九日条に「諸司に令一部二十二巻を班《わか》ち賜ふ」とあり、改められた法式も二十二巻であったことを示しており、近江令の存在を推測させる史料が存在することも無視できない。

令の編纂は大事業である。わずか二十二巻といえども、国家事業である以上、『日本書紀』に記載すべき内容であるにもかかわらず、それが記載されないのは、それなりの理由があるからであろう。

その理由とは、すでに考察したように、近江令が唐の指示によって編纂されたものであったからではないであろうか。つまり、近江令は唐で作成された律令をもとにして急ぎ編纂されたものであったため、天武朝はそれを否定して、新たに飛鳥浄御原令を編纂し直そうと試みたと考えるのである。

律令制導入に関して、日本も推古朝以来、研究を進めてきており、孝徳朝では僧旻《みん》たちを中心に積極的に採り入れる方向性を示してきた。しかし、白村江の敗戦で、一気に唐律令の押しつけが行われ、それに対する反発があり、その反発は反天智というベクトルから、近江朝討伐というベクトルにまで意識変化が行われた。

このあたりは、幕末の日本と政治状況が似ている。欧米の外圧に屈した幕府に対して地方下級士族が、外交的には開国が必然なのに、そのエネルギーを攘夷から討幕へとスライドさせていった状況との類似性である。こうしたエネルギーも壬申の乱の一因であったのかもしれない。

他方、唐の撤退が新羅によるものであったため、天武・持統朝には新羅との国交が盛んとなる。敵の敵は味方という論理である。この時、新羅がどのような態度で日本に対峙したのかは不明だが、新羅としては、今後も継続して唐を警戒しなければならなかったであろうから、日本とは友好的な関係を維持したいと考えたであろう。

新羅は戦勝国といえども、白村江の戦にも直接参加はしていない。日本に対して上位に立つことは出来るが、唐との関係において、バランスよく日本に接するのが得策という立場であった。

歴史は繰り返すだけではなく、いろいろな方面への新たな影響も生み出す。隋・唐の成立と律令制による国力の充実が、アジア全体に影響を及ぼし、朝鮮半島内の統一へと作用し、さらに日本は中国・朝鮮と関わることで敗戦を迎え、古い大和における政治体制を一新することになる。それと同時に、急激な律令制の導入を強いられ、それへの反発が壬申の乱という内乱を生み出し、結果的に中央集権的な政体を生み出していくことになる。

あとがき

本書は、わずか十年の天智紀をいかに解釈するかということの、一つの試みである。

日本が敗戦したにもかかわらず、そのことを閑却し、戦勝国である唐が戦争に対する賠償を何も求めないどころか、低姿勢で友好関係を求めてきたという幻想に囚われてきた『日本書紀』の記事解釈に対して、敗戦という厳しい現実から目を背けることなく、いかにその敗戦から立ち直ろうと天智朝が悪戦苦闘したかを描くことが、本書の目的である。

冒頭にも記したが、戦争というのは愚かな行為である。

しかし、その愚行が何度も繰り返されていることも事実である。

平和が続くと、人は過去の過ちを振り返ることを忘れてしまうようである。

そこには、子や孫に悲惨な歴史を知らせたくない。平和なこの世の中で、わざわざ知らせる必要もない、といったような考えが出てくるからであろう。そして、次世代に正しい歴史を語らないうちに、大人たちも忘れていくのである。

歴史とは想像力である。それは空想とは異なる。まったく非現実的なことを考えるのではなく、過去の事実にいかに近づけるかという想像力のことである。この想像力がないと、人間は優しさを失う。相手の立場に立って物事を考えることができなくなるからである。

本書では、歴史学ではタブーとされている想像力をふんだんに使っている。それは、上記のような歴史が本来持っている想像力を読者の方々に思い起こしていただきたかったからである。天智が直面したであろう厳しい現実を読者に伝えるために援用したのが、『三国史記』や『旧唐書』『資治通鑑』といった、朝鮮史料・中国史料である。これらの史料については、韓国や中国の研究者の研究蓄積があるものと察するが、恥ずかしながら、ハングル・中国語に明るくない筆者は、それらを参照して利用することができなかった。その意味では、東アジア情勢についての知識は、おそらく古代朝鮮語にも中国語にも通じていたであろう天智たちの足元にも及ばないであろう。それでも下手な訓読文や現代語の解釈をつけることで、多少は読者の方々にも、七世紀の東アジア情勢を感じていただければと、せいいっぱいの努力をさせていただいた。誤読・誤訳に関して、みなさまの御寛恕を請う次第である。

最後に、本書の概要を聞き、NHKブックスにご紹介くださった三猿舎の安田清人氏と、従来の通説に異を唱える挑戦的な内容にもかかわらず、刊行を引き受けてくださったNHKブックス編集部の伊藤周一朗氏に、心より感謝申し上げる。そして、本書の内容の原点となった学会発表の場を提供してくださった韓日関係史学会の皆様にも御礼申し上げたい。

文献一覧

参考史料

坂本太郎・家永三郎・井上光貞・大野晋校注『日本書紀（下）』岩波書店、一九六五年
小島憲之ほか校注・訳『新編日本古典文学全集4　日本書紀③』小学館、一九九八年
佐竹昭広ほか編『新日本古典文学体系1　万葉集1』岩波書店、一九九九年
小島憲之校注『日本古典文学体系69　懐風藻』岩波書店、一九六四年
沖森卓也・佐藤信・矢嶋泉『藤氏家伝　鎌足・貞慧　武智麻呂伝　注釈と研究』吉川弘文館、一九九九年
田中健夫編『善隣国宝記　新訂続善隣国宝記』集英社、一九九五年
朝鮮史学会編・末松保和校訂『三国史記（全）』国書刊行会、一九七一年
金富軾著・金思燁訳『完訳三国史記（上・下）』六興出版、一九八〇年
金富軾著・井上秀雄訳注『三国史記1』平凡社、一九八〇年
金富軾著・井上秀雄訳注『三国史記2』平凡社、一九八三年
金富軾著・井上秀雄・鄭早苗訳注『三国史記4』平凡社、一九八八年
『唐書』中華書局
『旧唐書』中華書局
『資治通鑑』中華書局

参考文献

青木和夫「浄御原令と古代官僚制」「律令論」『日本律令国家論攷』岩波書店、一九九二年
赤司善彦「北部九州の古代山城」考古学研究会岡山例会委員会編『シンポジウム記録4　激動の七世紀と古代山城・吉備の鉄』考古学研究会、二〇〇四年
池内宏『満鮮史研究　上世　第二冊』吉川弘文館、一九七九年
池田温「隋唐世界と日本」池田温編『古代を考える　唐と日本』吉川弘文館、一九九二年
市大樹「大化改新と改革の実像」『岩波講座　日本歴史　第2巻』岩波書店、二〇一四年
井上秀雄訳注『三国史記1〜3』平凡社、一九八〇〜一九八六年
井上秀雄・鄭早苗訳注『三国史記4』平凡社、一九八八年
井上光貞「大化改新と東アジア」『岩波講座　日本歴史2　古代2』岩波書店、一九七五年
大津市『新修大津市史1』大津市役所、一九七八年
大津市歴史博物館編『近江・大津になぜ都は営まれたのか』大津市歴史博物館、二〇〇四年
鐘江宏之『全集　日本の歴史　第3巻　律令国家と万葉びと』小学館、二〇〇八年
岸俊男「防人考」『日本古代政治史研究』塙書房、一九六六年
鬼頭清明『日本古代国家の形成と東アジア』校倉書房、一九七六年
鬼頭清明『白村江――東アジアの動乱と日本』教育社歴史新書、一九八一年
葛継勇「東アジア情勢における祢軍の活動と官歴」『朝鮮学報　第二三〇輯』二〇一四年
熊谷公男『日本の歴史　第3巻　大王から天皇へ』講談社、二〇〇一年
倉住靖彦「天智四年の築城に関する若干の検討」斎藤忠編『日本考古学論集8　武器・馬具と城柵』吉川弘文館、一九八七年

倉住靖彦「大宰府の成立」田村圓澄編『古代を考える　大宰府』吉川弘文館、一九八七年
倉住靖彦「大宰府成立までの経過と背景」下條信行ほか編『新版古代の日本　第三巻　九州・沖縄』角川書店、一九九一年
倉本一宏『戦争の日本史2　壬申の乱』吉川弘文館、二〇〇七年
栗原益男「七、八世紀の東アジア世界」唐代史研究会編『隋唐帝国と東アジア世界』汲古書院、一九七九年
胡口靖男「近江遷都の構想」『近江朝と渡来人――百済鬼室氏を中心として』雄山閣出版、一九九六年
齊藤茂雄「唐代單于都護府考――その所在地と成立背景について」『東方学』第一一八輯、二〇〇九年
坂本太郎「日本書紀と伊吉連博徳」「天智紀の史料批判」『坂本太郎著作集　第二巻　古事記と日本書紀』吉川弘文館、一九八八年、初出は一九六〇年
笹山晴生監修『古代山城鞠智城を考える』山川出版社、二〇一〇年
佐藤長門『日本古代王権の構造と展開』吉川弘文館、二〇〇九年
佐藤信「古代国家と烽」『出土史料の古代史』東京大学出版会、二〇〇二年
篠川賢『日本古代の歴史②　飛鳥と古代国家』吉川弘文館、二〇一三年
新蔵正道「「白村江の戦」後の天智朝外交」『史泉　第七一号』一九九〇年
鈴木靖民「百済救援の役後の日唐交渉」坂本太郎博士古稀記念会編『続日本古代史論集　上巻』吉川弘文館、一九七二年
鈴木靖民「日本律令国家と新羅・渤海」『古代対外関係史の研究』吉川弘文館、一九八五年
鈴木靖民「東アジアにおける国家形成」『岩波講座　日本通史3　古代2』岩波書店、一九九四年
鈴木靖民「日本律令の成立と新羅」『倭国史の展開と東アジア』岩波書店、二〇一二年
鈴木靖民『倭国史の展開と東アジア』岩波書店、二〇一二年
高木市之助『吉野の鮎　記紀萬葉雑攷』岩波書店、一九四一年

竹内理三「天武「八姓」制定の意義」『史淵』四三号、一九五〇年、後に『律令制と貴族政権』第一部に所収、御茶の水書房、一九五七年
太宰府市史編集委員会編『大宰府市史　考古資料編』一九九二年
田中卓「天智天皇と近江令」『神道史研究』八巻六号、一九六〇年
田村圓澄『東アジアのなかの日本古代史』吉川弘文館、二〇〇六年
趙仁成「高句麗の滅亡と復興運動の展開」東北亜歴史財団編、田中俊明監訳、篠原啓方訳『高句麗の政治と社会』明石書店、二〇一二年
出宮徳尚「古代山城再考」考古学研究会岡山例会委員会編『シンポジウム記録4　激動の七世紀と古代山城・吉備の鉄』、考古学研究会、二〇〇四年
鄭孝雲「白村江の戦い後の対外関係――第五次遣唐使の派遣目的と関連して」『古代文化四五（三）』一九九三年
田美姫「淵蓋蘇文の執権と政権の限界」東北亜歴史財団編、田中俊明監訳、篠原啓方訳『高句麗の政治と社会』明石書店、二〇一二年
遠山美都男『白村江　古代東アジア大戦の謎』講談社現代新書、一九九七年
直木孝次郎『日本の歴史2　古代国家の成立』中央公論社、一九六五年
直木孝次郎「近江朝末年における日唐関係――唐使・郭務悰の渡来を中心に」『古代日本と朝鮮・中国』講談社学術文庫、一九八八年
永留久恵「対馬「金田城」考」九州歴史資料館編『九州歴史資料館開館十周年記念　大宰府古文化論叢（上）』吉川弘文館、一九八三年
中村修也「古代商人と時間意識の成立」『年報日本史叢　一九九三』筑波大学歴史・人類学系、一九九四年。後に『日本古代商業史の研究』に所収、思文閣出版、二〇〇五年

中村修也「蘇我赤兄の再評価」あたらしい古代史の会編『王権と信仰の古代史』吉川弘文館、二〇〇五年
中村修也『偽りの大化改新』講談社現代新書、二〇〇六年
中村修也「白村江の戦い以後の日本の社会」韓日関係史学会国際シンポジウム報告集『韓日の歴史の中の戦後処理』韓日関係史学会、二〇一〇年
中村修也『白村江の真実　新羅王・金春秋の策略』吉川弘文館、二〇一〇年
西谷正「朝鮮式山城」『岩波講座　日本通史　第3巻　古代2』岩波書店、一九九四年
西村元佑「東トルキスタン（西州）における唐の直轄支配と均田制——貞観一四年九月安苦咖延手実と貞観年中巡撫高昌詔の意義を中心として」唐代史研究会編『隋唐帝国と東アジア世界』汲古書院、一九七九年
林陸朗「近江令と浄御原律令」『国史学』六三号、一九五四年
早川庄八「律令制の形成」『岩波講座日本歴史2　古代2』岩波書店、一九七五年
原島礼二「天武八姓の歴史的意義（上・下）」『歴史評論』一二二号・一二三号、一九六〇年
北條秀樹「初期大宰府軍制と防人」下條信行ほか編『新版古代の日本　第三巻　九州・沖縄』角川書店、一九九一年
堀敏一『東アジアのなかの古代日本』研文出版、一九九八年
松田好弘「天智朝の外交について——壬申の乱との関連をめぐって」『立命館文学』四一五・四一六・四一七合併号、一九八〇年
水林彪『記紀神話と王権の祭り　新訂版』岩波書店、二〇〇一年
村上四男「新羅と小高句麗国」旗田巍・井上秀雄編『古代の朝鮮』学生社、一九七四年
森公章『「白村江」以後』講談社選書メチエ、一九九八年
森公章「朝鮮半島をめぐる唐と倭」「古代耽羅の歴史と日本」『古代日本の対外認識と通交』吉川弘文館、一九九八年

森公章『戦争の日本史1　東アジアの動乱と倭国』吉川弘文館、二〇〇六年
森公章「朝鮮三国の動乱と倭国」荒野泰典ほか編『日本の対外関係2　律令国家と東アジア』吉川弘文館、二〇一一年
八木充『日本古代政治組織の研究』塙書房、一九八六年
吉田孝『大系日本の歴史3　古代国家の歩み』小学館、一九八八年
李仁哲「高句麗による夫余と靺鞨の統合」東北亜歴史財団編『高句麗の政治と社会』明石書店、二〇一二年
林起煥「国際秩序の変動と隋・唐との戦争」東北亜歴史財団編『高句麗の政治と社会』明石書店、二〇一二年
盧泰敦著、橋本繁訳『古代朝鮮　三国統一戦争史』岩波書店、二〇一二年

関連年表

西暦	和暦	月日	記事	出典
六五四	白雉 五	五月	●唐より開府儀同三司新羅王に冊命される。	新羅本紀
六五五	斉明 元	正月	●新羅、高句麗・百済連合軍に対して、唐に救援を要請する。	新羅本紀
		三月	●唐は営州都督程名振を派遣し、右衛中郎将蘇定方を援助させ高句麗を攻撃した。	旧唐書
六五六	斉明 二		●金仁問が唐から帰国して獐山城の築城を監督した。	新羅本紀
		七月	●新羅、右文衛将軍文王を唐に派遣し、百済討伐軍を要請した。	新羅本紀
六五九	斉明 五	四月	●新羅、使者を唐に派遣し、百済討伐軍を要請した。	新羅本紀
六六〇	斉明 六	三月	●唐の高宗が左武衛将軍蘇定方を神丘道行軍大總管に、金仁問を副大總管に任じて、左驍衛将軍劉伯英たち水陸十三万の軍を率いて百済を討伐させた。さらに武列王を嵎夷道行軍總管に任じて、唐軍を援助するように命じた。	旧唐書
		七月一〇日	●武列王、太子法敏・金庾信・品日・欽春らに命じて精兵五万を率いて、唐軍に合流させた。	新羅本紀
		七月一二日	●唐・新羅連合軍が義慈王の居城を包囲する。18日に義慈王たちが降伏。	新羅本紀
		七月一八日	●百済滅亡。義慈王、熊津城を出て降伏する。	新羅本紀

六六〇	斉明 六	九月 五日	●百済、沙弥覚従等を日本に派遣し、百済の窮状を訴える。	日本書紀
		一〇月	●百済の鬼室福信、佐平貴智を派遣して日本に救援軍の要請と余豊璋の帰国を懇望する。	日本書紀
六六一	斉明 七	五月 九日	●斉明、筑紫に至り、朝倉橘広庭宮に遷る。	日本書紀
		六月	●高宗の宿衛を勤めていた金仁問・儒敦たちが帰国する。	新羅本紀
		七月一七日	●文武王、金庾信を大将軍、金仁問・真珠・欽突を大幢将軍として軍編成を行う。	新羅本紀
		七月二四日	●斉明、朝倉宮に崩御する。中大兄、喪服で政務をとる。是月、長津宮に遷る。	日本書紀
		八月	●前将軍阿曇比邏夫・河辺百枝、後将軍阿倍引田比邏夫・物部熊・守君大石を百済復興救援軍として派遣。	日本書紀
		九月	●中大兄、長津宮で余豊璋に織冠を与え、軍兵五〇〇〇余人をつけて帰国させる。	日本書紀
六六二	天智 元	正月	●高宗が、文武王を開府儀同三司上柱国楽浪郡公新羅王に冊命する。	新羅本紀
		正月二七日	●天智、百済の鬼室福信に矢十万隻・糸五百斤・綿一千斤・布一千端・韋一千張・稲種三千斛を贈る。	日本書紀
		二月	●耽羅国王が新羅に行き、服属した。	新羅本紀
		五月	●阿曇比羅夫連らが軍船一七〇艘を率いて余豊璋を百済に送る。	日本書紀
		七月	●伊飡金仁問を唐に派遣して、土産物を貢納した。	新羅本紀
		是歳	●百済救援のために兵器を修理し、船舶を準備し、兵糧を用	日本書紀

			意する。	
六六三	天智　二	三月	●前将軍上毛野稚子・間人大蓋、中将軍巨勢神前訳語・三輪君根麻呂、後将軍阿倍引田比邏夫・大宅鎌柄に二万七千人を率いて新羅を討たせる。	日本書紀
		四月	●唐は新羅を鶏林大都督府とし、文武王を鶏林州大都督とする。	新羅本紀
		五月	●高宗は右威衛将軍孫仁師を派遣し、兵四十万を率いて、熊津府城に赴任した。	旧唐書
		六月	●余豊璋、福信の謀叛を疑い、福信を斬殺する。	日本書紀
		八月一三日	●白村江の戦で日本は唐に敗北する。	日本書紀
		九月二四日	●日本の船師と余自信・木素貴子・谷那晋首・憶礼福留と百済の民が日本に引上げる。	日本書紀
六六四	天智　三	正月　甲子	●高宗、雲中都護府を單于大都護府と改称する。	旧唐書
		二月	●角干金仁問と伊飡天存が、唐の劉仁願や百済の扶余隆と熊津の就利山で会盟した。	新羅本紀
		二月　九日	●冠位二十六階と民部・家部を定める。	日本書紀
		三月	●百済の残党、泗沘山城に拠り、反乱するが、熊津都督府が出兵、撃破。	新羅本紀
		五月一七日	●唐百済鎮将劉仁願、郭務悰等を派遣して、表函を下賜する。	日本書紀
		一二月一二日	●郭務悰、帰国する。	日本書紀
		是歳	●対馬島・壱岐島・筑紫国に防・烽を設置し、筑紫に水城を築造する。	日本書紀

六六五	天智　四	二月	●百済人四〇〇余人を近江国神前郡に住まわせる。	日本書紀
		八月	●答㶱春初に長門城を、憶礼福留・四比福夫に大野城・基肄城を築造させる。	日本書紀
		八月	●文武王、唐の勅使劉仁願・熊津都督扶余隆と熊津の就利山で会盟す。唐高宗、扶余隆に残党の慰撫・帰順を命じて、新羅との講和を命じた。劉仁軌、新羅・百済・耽羅・倭国の使者を連れて高宗の泰山封禅に参加。	新羅本紀
		九月二三日	●唐、劉徳高・郭務悰を日本に派遣する。	日本書紀
		一一月	●唐は李勣を遼東道行軍大摠管に、郝処俊を副摠管に任じて高句麗を攻撃した。	旧唐書
		一二月　是月	●劉徳高、帰国する。	日本書紀
		是歳	●天智、小錦守君大石・坂合部石積・吉士岐弥・吉士針間を唐に派遣する。	日本書紀
六六六	天智　五	正月　一日	●高宗、泰山にて封禅の儀を行う。	旧唐書
		六月　壬寅	●高句麗の淵蓋蘇文没す。男生、その跡を継ぐ。	旧唐書
		一〇月　己酉	●高宗、李勣を遼東道行軍大摠管とし、高句麗を征討する。	旧唐書
		是冬	●天智、百済の男女二〇〇〇余人を東国に住まわせる。	日本書紀
六六七	天智　六	三月一九日	●近江遷都。	日本書紀
		七月	●新羅、唐の命令で智鏡と愷元を将軍として遼東の戦役に赴かせる。	新羅本紀
		八月	●天智、倭京に幸す。	日本書紀
		一一月　九日	●劉仁願、熊津都督府熊山県令上柱国司馬法聡らを筑紫に	日本書紀

			派遣する。	
		一一月 是月	●大和の高安城・讃岐の山田郡の屋島城・対馬の金田城を築く。	日本書紀
六六八	天智 七	正月 庚寅	●高宗、右相劉仁軌を遼東道副大摠管に任命する。	旧唐書
		五月 五日	●天智、近江国蒲生野で薬猟を催す。	日本書紀
		六月一二日	●劉仁軌、党項津に到着し、金仁問が大礼で迎える。	新羅本紀
		六月二一日	●文武王、金庾信を大幢大摠管とし、金仁問以下の大部隊編成を行う。	新羅本紀
		七月	●天智、栗前王を筑紫率に任命する。	日本書紀
		九月一二日	●新羅、金東厳らを日本に派遣する。	日本書紀
		九月 癸巳	●唐の李勣、平壌城を陥落させ、宝蔵王・淵男建を捕え、高句麗を滅ぼす。安東都護府を設置して、四十二州を分置する。	旧唐書
		九月二一日	●文武王、唐軍が高句麗を平定したことを聞き、漢城を出発して、平壌に向かう。	新羅本紀
		一〇月	●唐、高句麗を滅ぼす。	旧唐書
		一一月 五日	●道守臣麻呂と吉士小鮪を新羅に派遣する。金東厳、帰国する。	日本書紀
		是歳	●沙門道行、草薙剣を盗み、新羅に逃亡するも、風雨に遭遇して戻って来る。	日本書紀
六六九	天智 八	一月	●蘇我赤兄を筑紫率に任ずる。	日本書紀
		八月 三日	●天智、高安嶺に登り、高安城の建設を中止する。	日本書紀
		九月	●新羅、督需らを日本に派遣する。	日本書紀
		是冬	●高安城を修築して、畿内の田税を収納した。	日本書紀

六六九	天智　八	是歳	天智、河内直鯨らを唐に派遣する。	日本書紀
		是歳	百済の佐平余自信・佐平鬼室集斯ら七〇〇余人を近江の蒲生郡に移住させる。	日本書紀
		是歳	唐、郭務悰ら二〇〇〇余人を日本に派遣する。	日本書紀
六七〇	天智　九	二月	庚午年籍を作成する。高安城を修理する。長門城一つと筑紫城二つを築く。	日本書紀
		六月	高句麗の牟岑が旧民を糾合し、淵浄土の子安勝を王に推戴し、文武王から金馬渚に安置された。	新羅本紀
		七月	文武王、安勝を高句麗王に封じる。	新羅本紀
		九月	阿曇連頬垂を新羅に派遣する。	日本書紀
六七一	天智一〇	一月　五日	大友王子を太政大臣、蘇我赤兄を左大臣、中臣金連を右大臣に任ずる。	日本書紀
		一月　六日	大友王子、冠位・法度のことを施行する。詳細は新律令に記載。	日本書紀
		一月一三日	劉仁願、李守真らを日本に派遣して上表する。	日本書紀
		一月　是月	天智、余自進・沙宅紹明を法官大輔に任じるなど、多くの百済人を重要官僚に任命する。	日本書紀
		一月	文武王、百済領に軍を派遣し、熊津の南で唐と戦う。	新羅本紀
		四月二五日	天智、漏刻を新台に設置する。	日本書紀
		六月　是月	栗隈王を筑紫帥とする。新羅、日本に使を派遣する。	日本書紀
		七月一一日	唐の李守真と熊津都督府の使者が帰国する。	日本書紀
		一〇月　六日	新羅、唐の軍船七十余艘を撃破して、郎将鉗耳大侯ら士卒	新羅本紀

			百余人を捕虜とする。	
六七二	天武　元	一〇月　七日	●新羅、金万物らを日本に派遣する。	日本書紀
		一一月一〇日	●唐の郭務悰らが、比知島から来朝の意図を大宰府に伝える。	日本書紀
		一一月二四日	●近江宮に火災が発生し、大蔵省の第三倉から出火する。	日本書紀
		一二月　三日	●天智、近江宮で崩御。	日本書紀
		五月一二日	●甲・弓矢を郭務悰に賜う。三〇日、郭務悰帰国。	日本書紀
		六月二二日	●壬申の乱勃発。	日本書紀
		是冬	●唐の左監門大将軍高侃、横水で新羅軍に大敗する。	旧唐書
六七三	天武　二	二月二七日	●天武、飛鳥浄御原宮で即位。	日本書紀
		閏六月一五日	●新羅、金承元らを日本に派遣し、即位を祝い、天智の喪を弔う。	日本書紀
		七月　一日	●金庾信没す。	新羅本紀
		九月	●唐軍、靺鞨・契丹の両軍と共に新羅の北部に侵入するが、新羅に撃退される。	新羅本紀
六七四	天武　三	二月　壬午	●高宗、左庶子中書門下三品劉仁軌を鶏林道大摠管に任じて新羅を討伐させる。	旧唐書
六七五	天武　四	二月二三日	●天武、高安城に行幸する。	日本書紀
		二月　是月	●新羅、王子忠元・金比蘇・金天沖・朴武摩・金洛水等を日本に派遣する。	日本書紀
		三月　是月	●新羅、朴勤修・金美賀を日本に派遣する。	日本書紀
		七月　七日	●天武、大伴連国麻呂・吉士入石らを新羅に派遣する。	日本書紀
		九月二九日	●唐の李謹行が兵二十万を率いて買肖城に駐屯するが、新羅に敗走させられる。	新羅本紀

六七六	天武　五	二月　甲戌	●高宗、安東都護府を遼東に移す。	旧唐書
		一一月　三日	●新羅、金清平を日本に派遣して奏上し、金好儒らを別に派遣する。	日本書紀
		一一月	●新羅、唐の薛仁軌と所夫里洲伎伐浦で戦い、初戦で敗北するも、大小二二度戦い勝利する。	新羅本紀
六七七	天武　六	二月　丁巳	●高宗、宝蔵王を遼東都督とし朝鮮郡王に封じ、安東府に付け、扶余隆を帯方郡王に封じる。安東都護府を新城に移す。	旧唐書
六七八	天武　七	五月　七日	●新羅の人・朴刺破らが血鹿島に漂着する。	日本書紀
		是歳	●新羅の送使が筑紫に来て公使の来朝を伝えるが、公使は暴風に遭い来朝せず。	日本書紀
六七九	天武　八	一〇月一七日	●新羅、金項那らを日本に派遣する。	日本書紀
六八一	天武一〇	二月二五日	●天武、律令を定め、法式を改めることを詔する。	日本書紀
		三月一七日	●天武、川島皇子等に帝紀と上古の諸事を記録させる。	日本書紀

な行

は行

ま行

や行

ら行

わ行

さ行

た行

索　引

あ行

か行

中村修也（なかむら・しゅうや）
1959年、和歌山県生まれ。1989年、筑波大学大学院歴史・人類学研究科博士課程単位取得修了。博士（文学）。現在、文教大学教育学部教授。
著書に『女帝推古と聖徳太子』（光文社）、『今昔物語集の人々 平安京篇』（思文閣出版）、『平安京の暮らしと行政』（山川出版社）、『日本古代商業史の研究』（思文閣出版）、『白村江の真実 新羅王・金春秋の策略』（吉川弘文館）など。

NHK BOOKS 1235

天智朝と東アジア
唐の支配から律令国家へ

2015（平成27）年10月25日　第1刷発行
2016（平成28）年 3 月20日　第3刷発行

著　者　中村修也　©2015　Nakamura Shuya
発行者　小泉公二
発行所　NHK出版
東京都渋谷区宇田川町41-1　郵便番号150-8081
電話 0570-002-246（編集）　0570-000-321（注文）
ホームページ　http://www.nhk-book.co.jp
振替　00110-1-49701
装幀者　水戸部 功
印　刷　三秀舎・近代美術
製　本　三森製本所

Printed in Japan　ISBN978-4-14-091235-5 C1321

NHK BOOKS

*文学・古典・言語・芸術

日本語の特質　金田一春彦
言語を生みだす本能(上)(下)　スティーブン・ピンカー
思考する言語—「ことばの意味」から人間性に迫る—(上)(中)(下)　スティーブン・ピンカー
小説入門のための高校入試国語　石原千秋
評論入門のための高校入試国語　石原千秋
ドストエフスキイ—その生涯と作品—　埴谷雄高
ドストエフスキー　父殺しの文学(上)(下)　亀山郁夫
英語の感覚・日本語の感覚—〈ことばの意味〉のしくみ—　池上嘉彦
英語の発想・日本語の発想　外山滋比古
英文法をこわす—感覚による再構築—　大西泰斗
バロック音楽—豊かなる生のドラマ—　礒山　雅
絵画を読む—イコノロジー入門—　若桑みどり
フェルメールの世界—17世紀オランダ風俗画家の軌跡—　小林頼子
子供とカップルの美術史—中世から18世紀へ—　森　洋子
映像論—〈光の世紀〉から〈記憶の世紀〉へ—　港　千尋
形の美とは何か　三井秀樹
かたちの日本美—和のデザイン学—　三井秀樹
琳派のデザイン学　三井秀樹
刺青とヌードの美術史—江戸から近代へ—　宮下規久朗
ロシア文学の食卓　沼野恭子
シュルレアリスム絵画と日本—イメージの受容と創造—　速水　豊
冷泉家・蔵番ものがたり—「和歌の家」千年をひもとく—　冷泉為人
オペラ・シンドローム—愛と死の饗宴—　島田雅彦
歌舞伎の中の日本　松井今朝子

伝える!　作文の練習問題　野内良三
新版　論文の教室—レポートから卒論まで—　戸田山和久
宮崎駿論—神々と子どもたちの物語—　杉田俊介
万葉集—時代と作品—　木俣　修
西行の風景　桑子敏雄

※在庫品切れの際はご容赦下さい。

NHK BOOKS

*宗教・哲学・思想

仏像 ―心とかたち― 望月信成／佐和隆研／梅原 猛
続仏像 ―心とかたち― 望月信成／佐和隆研／梅原 猛
原始仏教 ―その思想と生活― 中村 元
ブッダの人と思想 中村 元／田辺祥二
がんばれ仏教！ ―お寺ルネサンスの時代― 上田紀行
目覚めよ仏教！ ―ダライ・ラマとの対話― 上田紀行
ブータン仏教から見た日本仏教 今枝由郎
人類は「宗教」に勝てるか ―一神教文明の終焉― 町田宗鳳
法然・愚に還る喜び ―死を超えて生きる― 町田宗鳳
現象学入門 竹田青嗣
ヘーゲル・大人のなりかた 西 研
可能世界の哲学 ―「存在」と「自己」を考える― 三浦俊彦
論理学入門 ―推論のセンスとテクニックのために― 三浦俊彦
「生きがい」とは何か ―自己実現へのみち― 小林 司
自由を考える ―9・11以降の現代思想― 東 浩紀／大澤真幸
東京から考える ―格差・郊外・ナショナリズム― 東 浩紀／北田暁大
日本的想像力の未来 ―クール・ジャパノロジーの可能性― 東 浩紀編
ジンメル・つながりの哲学 菅野 仁
科学哲学の冒険 ―サイエンスの目的と方法をさぐる― 戸田山和久
国家と犠牲 高橋哲哉
集中講義！ 日本の現代思想 ―ポストモダンとは何だったのか― 仲正昌樹
集中講義！ アメリカ現代思想 ―リベラリズムの冒険― 仲正昌樹
哲学ディベート ―〈倫理〉を〈論理〉する― 高橋昌一郎
発想のための論理思考術 野内良三
カント 信じるための哲学 ―「わたし」から「世界」を考える― 石川輝吉
ストリートの思想 ―転換期としての1990年代― 毛利嘉孝
「かなしみ」の哲学 ―日本精神史の源をさぐる― 竹内整一
「原子力ムラ」を超えて ―ポスト福島のエネルギー政策― 飯田哲也／佐藤栄佐久／河野太郎
道元の思想 ―大乗仏教の真髄を読み解く― 頼住光子
詩歌と戦争 ―白秋と民衆、総力戦への「道」― 中野敏男
アリストテレス はじめての形而上学 富松保文
なぜ猫は鏡を見ないか？ ―音楽と心の進化誌― 伊東 乾
ほんとうの構造主義 ―言語・権力・主体― 出口 顯
「自由」はいかに可能か ―社会構想のための哲学― 苫野一徳
弥勒の来た道 立川武蔵
イスラームの深層 ―「遍在する神」とは何か― 鎌田 繁
マルクス思想の核心 ―21世紀の社会理論のために― 鈴木 直

※在庫品切れの際はご容赦下さい。

NHK BOOKS

＊社会

- デザインの20世紀　柏木 博
- 「希望の島」への改革―分権型社会をつくる―　神野直彦
- 嗤う日本の「ナショナリズム」　北田暁大
- 新版 図書館の発見　前川恒雄／石井 敦
- 社会学入門―〈多元化する時代〉をどう捉えるか―　稲葉振一郎
- ウェブ社会の思想―〈遍在する私〉をどう生きるか―　鈴木謙介
- 新版 データで読む家族問題　湯沢雍彦／宮本みち子
- 現代日本の転機―「自由」と「安定」のジレンマ―　高原基彰
- メディアスポーツ解体―〈見えない権力〉をあぶり出す―　森田浩之
- 議論のルール　福澤一吉
- 「韓流」と「日流」―文化から読み解く日韓新時代―　クォン・ヨンソク
- 希望論―２０１０年代の文化と社会―　宇野常寛・濱野智史
- ＩＴが守る、ＩＴを守る―天災・人災と情報技術―　坂井修一
- 団地の空間政治学　原 武史
- 図説 日本のメディア　藤竹 暁
- ウェブ社会のゆくえ―〈多孔化〉した現実のなかで―　鈴木謙介
- 情報社会の情念―クリエイティブの条件を問う―　黒瀬陽平
- 未来をつくる権利―社会問題を読み解く6つの講義―　荻上チキ
- 新東京風景論―箱化する都市、衰退する街―　三浦 展
- 日本人の行動パターン　ルース・ベネディクト
- 「就活」と日本社会―平等幻想を超えて―　常見陽平
- 現代日本人の意識構造［第八版］　ＮＨＫ放送文化研究所 編

＊教育・心理・福祉

- 子どもの世界をどうみるか―行為とその意味―　津守 真
- 不登校という生き方―教育の多様化と子どもの権利―　奥地圭子
- 子どもの絵は何を語るか―発達科学の視点から―　東山 明／東山直美
- 身体感覚を取り戻す―腰・ハラ文化の再生―　斎藤 孝
- 子どもに伝えたい〈三つの力〉―生きる力を鍛える―　斎藤 孝
- 〈育てられる者〉から〈育てる者〉へ―関係発達の視点から―　鯨岡 峻
- 愛撫・人の心に触れる力　山口 創
- フロイト―その自我の軌跡―　小此木啓吾
- 色と形の深層心理　岩井 寛
- 孤独であるためのレッスン　諸富祥彦
- 内臓が生みだす心　西原克成
- 人間の本性を考える―心は「空白の石版」か―(上)(中)(下)　スティーブン・ピンカー
- 母は娘の人生を支配する―なぜ「母殺し」は難しいのか―　斎藤 環
- 福祉の思想　糸賀一雄
- アドラー 人生を生き抜く心理学　岸見一郎
- 「人間国家」への改革―参加保障型の福祉社会をつくる―　神野直彦

※在庫品切れの際はご容赦下さい。

NHK BOOKS

*政治・法律

現代民主主義の病理 ― 戦後日本をどう見るか ― 佐伯啓思
外交と国益 ― 包括的安全保障とは何か ― 大江 博
国家論 ― 日本社会をどう強化するか ― 佐藤 優
マルチチュード ― 〈帝国〉時代の戦争と民主主義 ― (上)(下) アントニオ・ネグリ／マイケル・ハート
コモンウェルス ― 〈帝国〉を超える革命論 ― (上)(下) アントニオ・ネグリ／マイケル・ハート
叛逆 ― マルチチュードの民主主義宣言 ― アントニオ・ネグリ／マイケル・ハート
ODAの現場で考えたこと ― 日本外交の現在と未来 ― 草野 厚
現代ロシアを見る眼 ― 「プーチンの十年」の衝撃 ― 木村 汎／袴田茂樹／山内聡彦
中東危機のなかの日本外交 ― 暴走するアメリカとイランの狭間で ― 宮田 律
ポピュリズムを考える ― 民主主義への再入門 ― 吉田 徹
中東 新秩序の形成 ― 「アラブの春」を超えて ― 山内昌之
「デモ」とは何か ― 変貌する直接民主主義 ― 五野井郁夫
権力移行 ― 何が政治を安定させるのか ― 牧原 出
国家緊急権 橋爪大三郎
自民党政治の変容 中北浩爾
未承認国家と覇権なき世界 廣瀬陽子

*経済

分断される経済 ― バブルと不況が共存する時代 ― 松原隆一郎
考える技術としての統計学 ― 生活・ビジネス・投資に生かす ― 飯田泰之
生きるための経済学 ― 〈選択の自由〉からの脱却 ― 安冨 歩
資本主義はどこへ向かうのか ― 内部化する市場と自由投資主義 ― 西部 忠
ドル・円・ユーロの正体 ― 市場心理と通貨の興亡 ― 坂田豊光
日本銀行論 ― 金融政策の本質とは何か ― 相沢幸悦
雇用再生 ― 持続可能な働き方を考える ― 清家 篤
希望の日本農業論 大泉一貫

NHK BOOKS

＊歴史（I）